Y

Le nom de famille de Pierre Victor
est *Lefrebours*, d'après *Quérard*.

Yf 12311

DOCUMENS

POUR SERVIR A L'HISTOIRE

DU THÉATRE-FRANÇAIS,

SOUS LA RESTAURATION.

1815.—1830.

A Besançon,	chez Bintot.	A La Haye,	chez Beckman.
Lyon,	— Baron.	Amsterdam,	— Delachaux.
Strasbourg,	— Alexandre.	Rotterdam,	— Jacob.
Toulouse,	— Cassi.	Bruxelles,	— Gambier.
Bordeaux,	— Delpech.	Liége,	— Collardin.
Nantes,	— Busseuil.	Londres,	— Bossange.
Le Mans,	— Pesche.	Pétersbourg,	— Bellisard.
Rouen,	— Frère.	Stockholm,	chez les Libraires
Rennes,	— Hamelin.	Berlin,	français.

LONS-LE-SAUNIER, IMPR. DE FR. GAUTHIER.

DOCUMENS

POUR SERVIR A L'HISTOIRE

DU THÉATRE-FRANÇAIS,

SOUS LA RESTAURATION,

OU

RECUEIL DES ÉCRITS PUBLIÉS

DE **1815** A **1830**,

PAR Pierre-VICTOR,

SUR SES DÉBATS AVEC L'ADMINISTRATION DES MENUS-PLAISIRS,

ET SUR LES ABUS QUI ONT LE PLUS CONTRIBUÉ, PENDANT CETTE ÉPOQUE,

A LA DÉGRADATION DES THÉATRES.

PARIS,

GUILLAUMIN, LIBRAIRE-ÉDITEUR,
rue Neuve-Vivienne, n° 45,
ET LES PRINCIPAUX LIBRAIRES DU PALAIS-ROYAL.

1834.

Le recueil que nous publions nous a paru susceptible d'intéresser, à plus d'un titre, les amateurs de la Scène Française. Les écrits qui le composent sont dûs à un acteur dont la retraite prématurée a laissé des regrets, et dont on n'a point oublié les courageux efforts pour combattre les abus administratifs, les plus contraires aux intérêts de son art et aux droits de sa profession.

Ces opuscules ne présentent pas seulement l'avantage d'avoir pour auteur un artiste qui parle par expérience du sujet dont ils traitent; ils ont encore le mérite d'avoir été tracés successivement sous l'impression des faits qu'ils relatent. Quoique détachés, et la plupart relatifs à des intérêts privés, ils n'en offrent pas moins une série de documens utiles à la cause de l'art théâtral, un ensemble de révélations liées entre elles par leur commune tendance à montrer dans quel esprit les théâtres ont été dirigés, pendant l'espace de temps qu'elles embrassent.

Ces épisodes de l'histoire du Théâtre-Français donnent une idée de l'empire funeste que la Restauration a exercé sur l'art dramatique. Ils retracent la dégradation progressive opérée dans les théâtres par les gouvernans de l'époque, depuis le jour de leur rentrée en France, où escortés du vieux régime des Menus-plaisirs et de l'importation jésuitique du romantisme*, ils préludèrent à l'exécution de leurs projets, en ramenant parmi les interprètes des hommes de lettres l'excommunication, la détention et toutes les flétrissures de l'arbitraire, jusqu'au jour où plus puissans et plus hardis, étendant de toutes parts leur système de corruption et d'obscurantisme, ils osèrent introduire le mélodrame dans le sanctuaire même de l'art, et en bannir, avec les ouvrages philosophiques les plus influens sur l'esprit public, les acteurs les plus capables d'en rehausser l'éclat et d'en accroître la puissance.

Un homme indépendant, un artiste passionné pour son art a cherché, autant qu'il était en lui, à arrêter

* On lit dans un journal carliste : « Deux hommes, MM. Taylor et Nodier, ont eu » l'honneur de fonder le romantisme en France, au milieu de la littérature » morte-née de l'Empire. » Honneur donc leur en soit rendu !

les envahissemens de ce vandalisme , et à résister aux illégalités du Pouvoir, en les signalant avec persévérance au public. Il a dû échouer, et en porter la peine : la perte de son état en a été le fruit. Mais son exemple et ses efforts ne sauraient être perdus : ils serviront les intérêts de l'art auquel il s'est si généreusement sacrifié. C'est pour en conserver le souvenir et en favoriser l'effet, que nous avons cru devoir les reproduire dans cette publication.

La médiocrité, au théâtre comme ailleurs, se plie facilement aux bassesses que lui impose le Pouvoir qui la protége et qui la flatte ; mais elle s'accommode peu des tentatives de l'homme de cœur et de talent, qui la combat en cherchant à s'élever au-dessus des vices et des abus de sa profession. Aussi, n'est-il pas étonnant que l'auteur ait rencontré parmi ses ennemis ceux-là même dont il soutenait les droits, et qui auraient dû être les plus portés à embrasser son parti. En révélant les entraves et les dégoûts inouis qui l'ont poursuivi depuis ses débuts jusqu'à sa retraite, ce recueil expliquera la détermination qui, à la surprise du public, lui a fait quitter si subitement une carrière dans laquelle la mort de Talma semblait devoir lui assurer un avenir aussi long que brillant.

Puisse l'exemple de tant de déboires frapper les jeunes gens que le prestige de la scène, plus que leur vocation, entraîne vers un état qui ne présente aujourd'hui, même au talent, qu'un champ stérile et

dégradé ! Puissent aussi les réformes que cet ouvrage
indique fixer l'attention de l'Autorité, lorsqu'elle son-
gera sérieusement à s'occuper de la régénération de
notre premier théâtre national !

LES ÉDITEURS.

SOMMAIRE.

NOTICE

SUR L'ENTERREMENT

DE

Mlle RAUCOURT,

MORTE LE 15 JANVIER 1815.

1815.

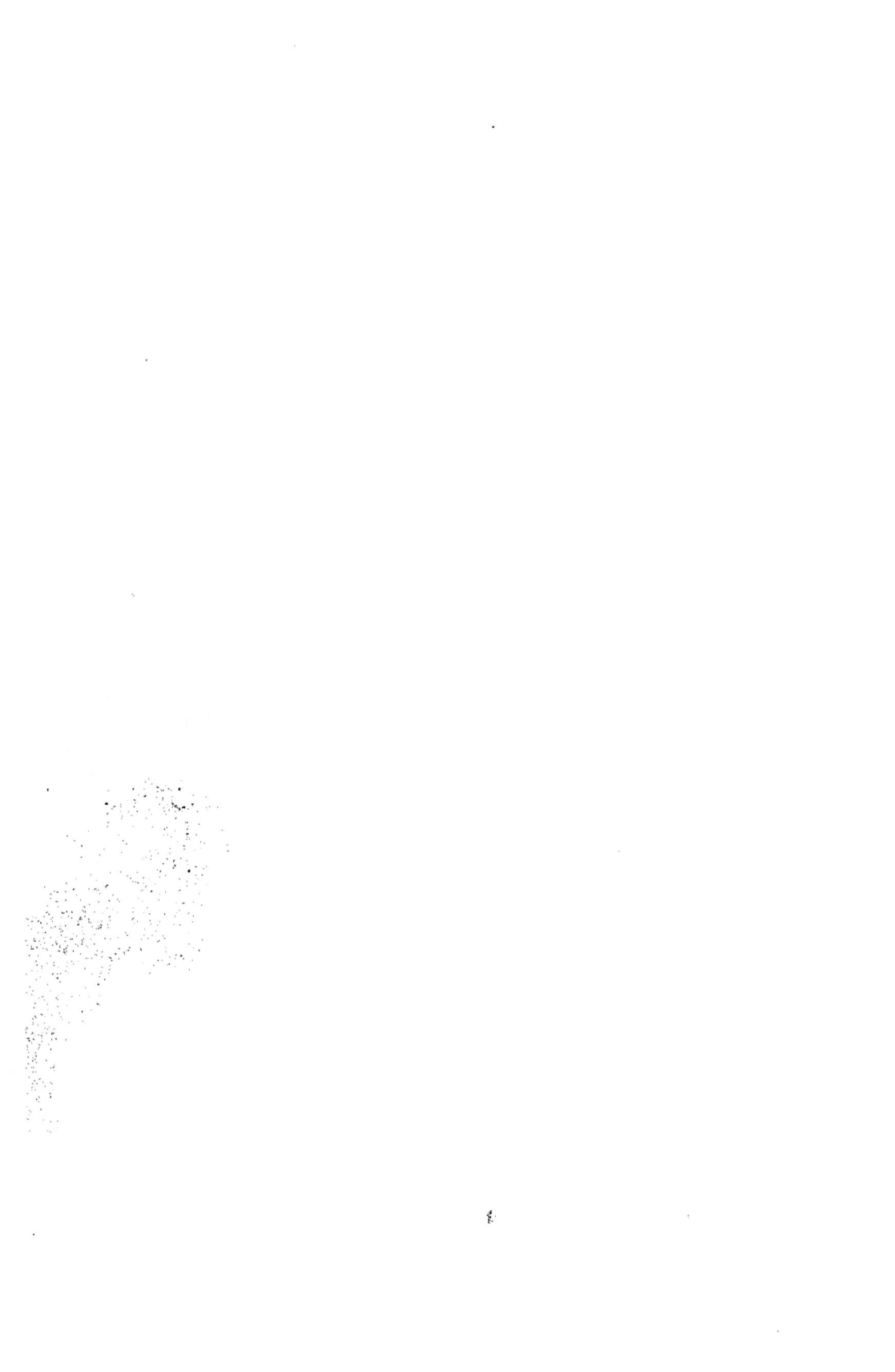

PERSONNE, dans Paris, n'a ignoré le scandale qui a signalé l'enterrement de Mlle Raucourt ; mais le silence que les journaux ont été obligés de garder sur cet événement, n'a permis au public de le connaître que d'une manière très imparfaite. Témoin de tout ce qui s'est passé dans cette circonstance, ayant même concouru à sauver les restes de cette actrice célèbre d'un affront que je voyais avec peine retomber sur toute une classe de citoyens, je crois devoir suppléer à ce silence, en publiant un exposé exact des faits.

Dirigé par le seul sentiment du regret que m'inspirait la perte d'une femme dont j'avais aimé le talent, je voulus l'accompagner à son dernier asile. Le 17 Janvier, jour de l'enterrement, je me rendis à sa demeure, rue du Helder ; j'y trouvai le corbillard, suivi d'un grand nombre de voitures de deuil, et beaucoup de monde rassemblé tumultueusement dans la rue.

J'attendais tranquillement le départ du convoi, lorsque j'appris qu'on refusait aux dépouilles mortelles de Mlle Raucourt l'entrée de l'église*; que ses parens et ses amis faisaient, à ce sujet, depuis deux jours, d'inutiles instances auprès du Curé de Saint-Roch; qu'il était resté sourd à toutes leurs représentations, disant « qu'une comédienne était excommuniée, et que » le moment était venu de remettre en vigueur les Canons de » l'Église. » On avait de la peine à croire qu'on pût tenter, de nos jours, de ramener cet usage des temps barbares.

Les acteurs du Théâtre-Français venaient d'avoir recours au Roi; et l'on attendait ses ordres. Plusieurs d'entre eux en habit de garde national allaient et venaient, sans que leurs démarches amenassent aucun résultat. Le temps se passait; et les ordres du Roi n'arrivaient pas. La foule des curieux grossissait; les murmures augmentaient. Soudain la nouvelle se répand qu'il faut renoncer à entrer à l'église, et que l'Autorité vient de décider qu'on se rendrait directement au cimetière.

L'indignation devient générale; on ne peut soutenir l'idée de voir ignominieusement rejetée du lieu saint, pour avoir récité sur un théâtre les vers des grands poètes dont la France s'honore, une femme, non moins recommandable par sa bienfaisance, que par son talent.

On forme, alors, le projet de remporter par la force ce qu'on n'a pu obtenir par la prière. Un grand nombre de pauvres qui portaient des cierges, jurent de ne pas souffrir l'outrage qu'on veut faire à leur bienfaitrice.

Au moment où tout se disposait pour l'exécution de ce projet, le convoi se mit en marche, dirigé par quelques hommes qui annoncèrent qu'il se rendait à Saint-Roch. Des applaudissemens unanimes se font entendre; et le peuple impatient se précipite vers l'église. Le corbillard suivait; il était près d'entrer

---

* En 1824, le même scandale se renouvela, à l'enterrement de Philippe, acteur de la porte St.-Martin. Ses parens et ses amis voulurent conduire son corps à l'église : le Curé de sa paroisse refusa de le recevoir; et l'Autorité appuya son refus. Un détachement de gendarmerie escorta le convoi jusqu'au cimetière, le sabre en main. —Talma, qu'à ses derniers momens l'Archevêque de Paris avait vainement exhorté à abjurer son état, éprouva, en 1826, la même avanie.

dans la rue de la Michaudière, lorsqu'un officier de police, saisissant les rênes des chevaux, veut lui faire prendre la direction du boulevart. Dans l'exaltation qui l'entraînait, la foule se portait vers Saint-Roch, sans examiner ce qui se passait derrière elle. *A l'église !* s'écrie-t-on. Ce mot est répété jusqu'à la tête du cortège. Le peuple revient sur ses pas, force l'officier public de s'éloigner; et le char funèbre, protégé par la foule qui l'entoure, s'avance librement jusqu'aux portes du temple.

Les comédiens, entraînés comme malgré eux par la multitude, paraissaient s'alarmer de cette scène orageuse, et craindre qu'elle ne leur fût imputée. Plus de quinze mille personnes de tout âge, de tout rang, encombraient les avenues de l'église. On y pénètre par les portes latérales, qui étaient restées ouvertes; en un instant, elle est remplie. On ne se contente pas de ce facile triomphe : on veut que la cérémonie s'effectue dans toutes les règles; et que Mlle Raucourt ait les honneurs de la grande porte. En vain on somme le Suisse de l'ouvrir; on essaye alors de l'enfoncer; on brise les chaises; mais la porte, aussi inébranlable que le Curé, résiste à toutes les tentatives.

Pendant que les uns se livraient à cette attaque infructueuse, les autres demandaient des prêtres à grands cris. Effrayé de ces dispositions, et ne se jugeant pas en sûreté dans son domicile, M. le Curé s'était retranché dans la sacristie. Plusieurs de ses paroissiens qui, à l'approche du convoi, étaient allés lui adresser de nouvelles supplications, et qu'il venait de repousser impitoyablement, annoncèrent son inflexibilité et sa détermination de périr, plutôt que d'enfreindre les ordres qu'il disait avoir reçus du Chapitre métropolitain.

Le tumulte devint alors à son comble; des murmures séditieux commençaient à se faire entendre. Quelques personnes proposaient de conduire le corps, à travers la ville, jusqu'à l'Archevêché, et de demander au Chapitre raison de sa barbare intolérance ; d'autres voulaient se porter aux Tuileries, pour connaître les ordres du Roi. Telle était la fermentation des esprits, qu'il devenait difficile de prévoir jusqu'où elle pourrait s'étendre.

Au milieu de ce désordre, les Comédiens Français, qui attendaient au-dehors l'issue de l'entreprise, se faisaient remarquer par une retenue qui contrastait assez singulièrement avec l'ardeur du public, plus révolté qu'eux de voir que des citoyens revêtus de l'uniforme national, et participant aux droits communs à tous les Français, fussent exposés à cette exception humiliante.

On continuait de se livrer, dans l'église, à la plus violente agitation, quand tout-à-coup une voix s'écrie : « On emmène le corbillard ! » Je sors, et je l'aperçois déjà loin de plus de cent pas. Chacun tremblait des suites que cette défaite allait entraîner, et de l'ascendant funeste du clergé, si on lui laissait remporter cette victoire. La garde était survenue ; un piquet de gendarmerie était rangé devant l'église. Les comédiens gagnaient le cimetière en toute hâte, paraissant avoir renoncé à un triomphe dont ils appréhendaient les dangers.

Le courage du public semblait se ralentir, à mesure que le convoi s'éloignait. Le monde, qui se trouvait alors dans la rue, n'était pas très au fait de ce qui se passait : les têtes les plus échauffées étaient restées dans l'église ; quelques personnes sorties avec moi les appellent, et, sans les attendre, s'élancent vers le corbillard. Plusieurs comédiens veulent nous arrêter : « De grâce, nous disent-ils, laissez-nous poursuivre ; n'allumons pas un incendie. » (Quelques-uns se disposaient à faire, le lendemain, leurs soumissions respectueuses au Roi, et à lui annoncer que, puisqu'ils paraissaient exercer une profession contraire aux lois et à la religion de l'État, ils allaient se retirer du théâtre.)

Sans les écouter, on se jette sur le corbillard ; et la foule, accourant de toutes parts, parvient à l'arrêter, à l'entrée de la rue Traversière ; mais la rue se trouve tellement obstruée, qu'il est impossible de le faire retourner. Les quatre chevaux, dont il était attelé, embarrassant le cocher, on coupe les traits dès deux premiers; et il revient dans la rue Saint-Honoré, par celle des *Frondeurs*, aux acclamations du peuple triomphant.

A peine est-il de retour, qu'on se précipite sur le cercueil. Chacun se dispute l'honneur de le porter, et de l'introduire dans le lieu saint. La grande porte s'ouvre. On ne se donne pas le temps d'ouvrir le chœur; la balustrade en est franchie, et le corps déposé au pied de l'autel. En un instant, tous les cierges sont allumés; et l'église entière offre l'appareil d'une cérémonie depuis long-temps préparée.

C'est alors qu'arrivent des ordres du Roi, qui prescrivent de rendre à Mlle Raucourt les devoirs funèbres qui lui sont dûs. Le Curé est appelé avec des cris forcenés. Les officiers de police, montés sur les marches de l'autel, veulent haranguer le public; on ne les écoute pas. *Le Curé! Le Curé!* est le seul cri qui se fasse entendre.

Enfin paraît un prêtre, suivi d'un porte-croix et de deux chantres. Aussitôt la scène change : à la vue du ministre, le tumulte s'apaise; et un recueillement profond règne dans toute l'assemblée. Jamais, à un désordre plus violent ne succéda aussi subitement un spectacle plus édifiant. Le prêtre officie, et fait les cérémonies accoutumées, au milieu d'un religieux silence. Le service terminé, il reconduit le corps jusqu'à la porte; et le peuple satisfait le replace lui-même dans le char funèbre.

Après la station d'usage devant le Théâtre-Français, le convoi continua sa marche, et arriva au cimetière du Père-Lachaise, suivi d'une foule d'artistes et de citoyens de tout rang, jaloux d'honorer le talent d'une femme célèbre, jusqu'à sa dernière demeure. Là, sur les bords de la tombe, un vieillard prononça, au milieu des marques de douleur de tous les assistans, quelques paroles sur l'événement déplorable qui venait de se passer; et, s'abstenant de vanter les talens de la défunte, crut ne pouvoir mieux faire son éloge, qu'en rappelant la bonté de son cœur et sa religieuse bienfaisance.

Sans s'être élevée au rang des Duménil et des Clairon,
Mlle Raucourt possédait des qualités d'autant plus précieuses,
qu'elles sont plus rares aujourd'hui. Sa perte laisse un grand
vide au théâtre; et il se passera peut-être bien des années,
avant qu'elle soit réparée. Le talent ne suffit pas pour bien
remplir son emploi; il faut encore y joindre une longue habitude de la scène.

Sa voix était devenue sèche et dure; son âme manquait d'ex-
pansion. Elle parvenait rarement à toucher; mais elle se dis-
tinguait par un aplomb et une aisance extraordinaires, par
une entente parfaite de la scène, par une intelligence profonde,
et une dignité admirable. Si elle faisait verser peu de larmes,
elle excitait toujours l'étonnement et l'intérêt. Moins remarquable dans les rôles sensibles et pathétiques, elle excellait
dans le genre héroïque. Son talent était plutôt dans son esprit
que dans son âme. Elle raisonnait plus qu'elle ne sentait; mais
elle était parvenue, à force d'art, à atteindre la nature.

Il était difficile de mieux parler la tragédie. Elle avait trouvé
le secret de la rendre tout-à-la-fois naturelle et noble. On se
rappelle encore le caractère imposant qu'elle imprimait aux
rôles d'*Agrippine*, de *Cléopâtre* et d'*Athalie*. Elle était sublime
dans *Léontine*: il n'était pas possible d'y produire plus d'effet,
avec moins d'effort.

Aucune actrice n'a obtenu, dès son entrée dans la carrière,
un succès plus brillant. Son apparition sur la Scène Française
excita un enthousiasme général. Sa beauté et sa jeunesse donnaient alors un charme de plus à son talent naissant. Elevée
à l'école de Lekain et de Clairon, Mlle Raucourt était presque
la seule actrice qui observât encore les principes et les traditions de ces grands maîtres.

Elle vit sa fin approcher avec tranquillité. *J'en suis*, disait-
elle, *à la dernière scène*. Elle ne prévoyait pas le rôle qu'il lui
était encore réservé de jouer, après sa mort. Depuis plusieurs
années, elle s'attachait à la religion, enrichissant l'autel de
ses offrandes, et figurant même quelquefois dans les quêtes.

Quinze jours avant de mourir, assure-t-on, elle avait encore
envoyé au Curé de Saint-Roch une somme, qu'elle était dans
l'usage de lui remettre, tous les ans, au premier janvier.

On a attribué le soulèvement auquel ses obsèques ont donné
lieu à un parti politique, qui l'aurait provoqué. J'ai pu me
convaincre que c'était à tort : il n'a eu pour principe que l'intolérance du clergé. Rien n'avait été prévu, ni concerté. Aucun projet ne s'est formé, qu'à la vue de l'opiniâtre résistance
du Curé de Saint-Roch. Mais, nul doute que cet événement ne
pût avoir des suites très graves, et porter un coup funeste au
régime actuel, si les agens de l'Autorité n'eussent pris le parti
de céder au vœu du public.

Comment, dans un Etat civilisé, des prêtres peuvent-ils ré-
prouver ce que les magistrats permettent! Comment, sous le
même gouvernement, la religion frappe-t-elle d'anathème une
profession que la loi tolère! Jamais cette excommunication n'a
été autre chose qu'un usage introduit en France par le Clergé
français. Mais, fût-elle prononcée par le Pape lui-même, jamais
elle n'a été reconnue par notre législation. Et peut-on se persuader que des peines infamantes, lancées dans des temps de
barbarie contre de vils bateleurs, soient applicables, de nos
jours, aux artistes du Théâtre-Français?

Par quelle inconcevable bizarrerie, les chanteurs et les danseurs de l'Opéra, du plus mondain de tous les spectacles, en
sont-ils seuls exceptés? A Rome, les comédiens sont admis à
toutes les cérémonies de l'Église; et les prêtres eux-mêmes as-
sistent aux représentations théâtrales.

Le Théâtre-Français est un des plus beaux monumens de
notre gloire nationale, une véritable école de philosophie et
d'éloquence. Nos chefs-d'œuvre dramatiques nous sont enviés
de tous les peuples policés; ils respirent généralement la morale la plus pure; et l'on s'avilirait à les représenter! La raison
dédaigne de réfuter cette absurdité.

Cependant, on ne peut se le dissimuler, quoique l'événement dont je viens de rendre compte fasse voir combien ce

préjugé est affaibli, il ne laisse pas que d'avoir encore de l'influence; et il nuit, plus qu'on ne pense, à la prospérité du théâtre.
S'il est à peu près éteint dans la Capitale, il règne encore
dans les provinces; il règne dans l'esprit des prêtres qui l'en-
tretiennent; il règne dans celui même des hommes qui paraissent le moins assujettis à son empire, et qui, par leur pouvoir,
par l'autorité de leur exemple, seraient les plus capables de le
détruire.

A M. LE VICOMTE DECAZES,

MINISTRE DE L'INTÉRIEUR,

SUR

MON ARRESTATION.

1818.

MONSEIGNEUR ,

En ordonnant à M. le Préfet de police de vous faire un rapport
sur toutes les circonstances de mon arrestation*, vous avez sans
doute voulu prendre des mesures pour prévenir le retour
d'une tentative , dont le but évident était de ramener dans les
théâtres le régime du bon plaisir. Je crois devoir vous adresser
quelques renseignemens qui compléteront ceux que vous at-
tendez de ce magistrat. Ils vous feront juger jusqu'à quel point
mes droits ont été reconnus et vos intentions remplies.

Cet exposé, en vous révélant la condescendance inouïe avec
laquelle des fonctionnaires soumis à vos ordres se prêtent
humblement aux injonctions illégales d'un Premier-Gentil-

* Après l'enterrement de Mlle Raucourt, aucun événement théâtral n'a fait
plus de bruit, dans les premières années de la Restauration , que l'arrestation de
Victor. Cette affaire , gravement discutée par tous les journaux, était devenue
l'objet de tous les entretiens. Des couplets furent intercalés, à cette occasion, dans
une pièce nouvelle des Variétés ; et un vaudevilliste se disposait même à reproduire son aventure, dans une représentation du *Comédien malgré lui*.

2.

homme de la Chambre, vous donnera en même temps une idée du régime intérieur de notre premier théâtre national. La Scène Française ne sera peut-être pas toujours étrangère à votre administration. Peut-être sentira-t-on, un jour, la nécessité de la soustraire à la surveillance surannée et incapable des Menus-plaisirs, pour la confier à une Autorité responsable, éclairée, et en harmonie avec les institutions de notre époque.

Admis à ce théâtre, selon l'usage, pour un an, comme acteur *à l'essai*, j'avais obtenu, en considération du succès de mes débuts, d'être engagé pour jouer exclusivement les premiers rôles. Toutefois, cette faveur eût été très illusoire sans l'absence de mes deux chefs d'emploi, éloignés alors simultanément de la scène. Mais, si d'un côté cette circonstance me procurait un avantage favorable à mes études et à mes progrès, et rarement offert à l'acteur à l'essai, d'un autre, elle m'entraînait dans des frais de costumes qui ne lui sont pas non plus ordinaires, et que ne comporte guères la modicité de ses appointemens.

Six mois avant l'expiration de cet engagement, je priai le Comité de me faire connaître, conformément aux lois de la Comédie, ses intentions pour l'année suivante, le prévenant de la nécessité où je me trouverais de ne point en contracter de nouveau, si je n'obtenais pas, pour cette époque, des conditions plus avantageuses. Quelques jours après, il me répondit : « Qu'il s'empressait de m'annoncer que, par arrêté de M. le » duc de Duras, j'étais réengagé pour un an, mais sous la con- » dition expresse de jouer, outre les premiers rôles, tous ceux » qui pourraient m'être distribués. » Talma et Lafon étaient de retour. Le premier avait vivement reproché au Comité de m'avoir laissé prendre dans le nouveau répertoire un rôle qui, disait-il, *lui appartenait* * ; et il m'en avait témoigné à moi-même beaucoup d'humeur.

Quelque peu favorables que fussent ces conditions, espérant

_____
* Le rôle d'Hamlet.

les voir s'améliorer avec le temps, je déclarai que je les accepterais, moyennant un congé de quinze jours qui me permît d'aller donner quelques représentations en province. Après plusieurs mois de délibération, le Comité, présidé par M. Papillon de la Ferté, intendant des Menus-plaisirs, m'appela devant lui, et, sous le sceau du secret, m'accorda verbalement cette faveur, qui, me dit-on, n'avait encore été obtenue d'aucun pensionnaire, et dont l'innovation pouvait être d'un exemple très dangereux.

Mon départ fut bientôt le secret de toute la Comédie. Sociétaires et pensionnaires réclamèrent à grands cris le même avantage, prétendant y avoir le même droit. Le Comité, accablé de demandes et de reproches, ne trouva rien de mieux pour se tirer d'affaire, que de nier sa parole, et de révoquer sa permission.

J'étais à Amiens, et au moment de jouer, lorsqu'un ordre de M. le duc de Duras enjoignit au Préfet du département de la Somme d'interdire mes représentations, et de me faire revenir à Paris, sur-le-champ. Vainement les personnes les plus influentes de la ville prièrent M. le Préfet de me laisser au moins donner la représentation annoncée, à laquelle le public se portait déjà avec empressement. Ni les prières, ni les murmures de ses administrés ne purent l'emporter en lui sur la crainte de déplaire à M. le Premier-Gentilhomme de la Chambre.

Frustré du bénéfice qui m'était promis, menacé d'être rendu passible du tort qui en résultait aussi pour le directeur, je déclarai, aussitôt mon retour, qu'à moins d'obtenir, l'année suivante, quatre mille francs d'appointemens, et un mois de congé, je donnais, pour le 1er avril, ma démission. Mes prétentions se bornaient à un traitement à peine équivalent au tiers d'une part de sociétaire. On me répondit : que ces avantages exorbitans ne pouvaient m'être accordés ; et que, quant à ma démission, ne l'ayant pas donnée en temps utile, elle ne pouvait être acceptée.

J'essayai tous les moyens d'amener un arrangement qui me

permit de ne point quitter un théâtre auquel je sentais l'importance de m'attacher ; mais ce fut en vain : je me vis bientôt réduit à la nécessité de persister dans ma retraite, et pour l'obtenir, d'invoquer le secours des Tribunaux. En conséquence, le 31 mars, je fis signifier, par huissier, à MM. les Comédiens du Roi que je me regarderais¦, dès le lendemain, comme libre et dégagé de tout service sur leur théâtre.

C'était un fait nouveau dans les fastes de la Comédie, que la résistance légale d'un pensionnaire aux volontés de ses gouvernans. L'aspect d'un huissier souleva tout l'aréopage comique. Je savais tout ce que mon audace avait d'inusité ; mais cette mesure m'était nécessaire, et commandée par la législation même du lieu. Votre Excellence sait peut-être que les Comédiens privilégiés du Roi, les pensionnaires comme les sociétaires, ne peuvent paraître sur aucun théâtre de province, ni obtenir de la police l'autorisation de quitter la Capitale, sans un certificat en bonne forme des Menus-plaisirs, qui les déclare dispensés de leur service sur les théâtres royaux.

Quinze jours s'étaient déjà écoulés, depuis l'expiration de mon engagement, sans qu'il m'eût été possible, par suite de cette interdiction, d'utiliser mon temps. Tous mes efforts pour obtenir ma libération, seule grâce que j'implorais, étant devenus inutiles, je pris la nouvelle liberté de faire assigner MM. les membres du Comité, en la personne de M. de la Ferté, leur président, à comparaître devant le Tribunal de première instance, pour entendre décider que j'étais affranchi envers eux de toute obligation, et maître de contracter avec d'autres théâtres tous les engagemens qui bons me sembleraient.

La Comédie et l'Intendance des Menus-plaisirs, qui m'avaient sérieusement déclaré *qu'elles n'étaient pas justiciables des Tribunaux,* irritées de cet attentat à leur dignité, et n'écoutant plus que leur ressentiment contre un homme qui, selon leur expression, avait mis *le feu au théâtre,* se déterminèrent à descendre dans la lice judiciaire où je les appelais, répondirent à ma sommation par une protestation, et jurèrent solennellement, dans un conseil extraordinaire, de ne reculer devant aucun sacrifice, pour venger leurs droits outragés.

Dès ce moment, tout service de ma part, comme toute action de la Comédie, se trouvaient bien et dûment suspendus. Elle n'avait plus rien à exiger de moi, jusqu'à ce que les juges qu'elle venait elle-même de reconnaître en eussent décidé autrement. Afin de prévenir toute contestation, je ne m'étais pas borné à remplir les formalités voulues, à renouveler ma démission par voie légale ; j'avais encore eu soin d'informer en particulier M. le duc de Duras et les semainiers eux-mêmes de se tenir pour avertis, que je cesserais de jouer jusqu'à nouvel ordre. Cependant, malgré mes avis réitérés, malgré l'adhésion donnée par la Comédie à mon recours juridique, mon nom n'en est pas moins porté sur l'affiche. Je suis annoncé comme devant paraître dans *Philoctète*; et, à l'heure de l'ouverture du Théâtre, au moment où le public se présente pour y entrer, le mot *relâche*, apposé sur l'affiche, lui intime l'ordre de se retirer.

Le but qu'on se proposait par cette manœuvre était de répandre le bruit, qu'un coup de tête de ma part avait donné lieu à cette clôture inopinée, et de m'en rendre ainsi responsable. Dans son désappointement, le public se borna à murmurer, et sans qu'il en résultât aucun désordre. Toutefois, l'événement avoit occasioné assez de rumeur dans le quartier pour qu'on pût en tirer le parti qu'on voulait. Que faisait aux comédiens du Comité la honte de provoquer une mesure qui ramenait parmi eux le régime flétrissant du For-l'Evêque * ? Ils satisfaisaient leur courroux ; car, qu'on ne leur fasse pas l'honneur de voir, dans cette obstination à me retenir, l'effet du désir de s'attacher un sujet qui pouvait, un jour, leur être utile. Cette mesure ne tendait au contraire qu'à me faire éprouver des dégoûts assez forts pour m'écarter à jamais de leur théâtre. Ils

---

* A Caen, en 1827, cinq acteurs furent jetés en prison par le bon plaisir de M. le Maire, pour avoir répété, la veille, sur la scène, un couplet demandé à grands cris par le public.

tiraient ainsi, des apparences, un moyen de faire retomber sur moi tous les torts, de me compromettre dans l'esprit du public et aux yeux de la police, et de me rendre dès lors passible des peines prescrites dans le cas du délit qui m'était imputé.

Dès le lendemain matin, deux agens de police se présentent chez moi, et m'invitent à les accompagner chez M. le Préfet. Plein de confiance dans mes droits, et persuadé qu'il ne s'agit que d'explications à donner sur les causes de la clôture du Théâtre, je les suis sans hésiter. Arrivé chez le concierge de la Préfecture, un garçon de bureau me prie de le suivre ; et je me trouve écroué !

Ce n'est qu'au bout de trois jours, qu'appelé devant le chef de la 1re division pour être interrogé, et après lui avoir demandé en vertu de quel ordre et pour quel crime je me voyais ainsi détenu, j'appris que c'était « *par arrêté de M. le duc de* » *Duras*, Premier-Gentilhomme de la chambre du Roi, sur un » rapport adressé à Monseigneur par MM. les membres du Co-» mité du Théâtre-Français, pour avoir fait manquer le spec-» tacle. »

Cet attentat à la liberté individuelle n'était pas seulement contraire à la constitution de l'État et à toutes nos lois ; il n'était pas même légitimé par les ordonnances féodales du Théâtre, bien que dans le code pénal des coulisses les arrêts soient maintenus. Car, en interprétant mon refus de jouer dans le sens le plus défavorable, aux termes des règlemens, on n'é-tait encore autorisé à m'imposer qu'une simple amende.

Pour me prémunir contre un acte de despotisme qui pouvait de nouveau m'atteindre, dans l'intérêt des hommes parmi lesquels j'étais appelé à vivre, comme dans le mien propre, je dus m'empresser de le signaler, en attendant le moment d'en porter plainte devant les Tribunaux *. J'adressai donc aux

* « Ce sera une chose assez notoire, disait un journal, de voir des comédiens » soutenir en justice, qu'au mépris de la Charte qui leur accorde les mêmes droits » qu'aux autres citoyens, on puisse avoir la faculté de mettre de côté pour eux » les formes protectrices de la loi, en invoquant d'anciennes coutumes, d'an-

journaux, du lieu de ma détention, la lettre qui en a informé
Votre Excellence.

Cette lettre, qui m'était également nécessaire pour repousser
les inculpations dirigées ¦contre moi, et dans laquelle il me
fallait bien apprendre au public que MM. les serviteurs des
Menus s'étaient joués de lui, en lui annonçant un spectacle
qu'ils savaient pertinemment ne pas devoir être donné, a mis
le comble à leur fureur et amené toutes les récriminations
dont je suis en ce moment l'objet.

En ordonnant mon élargissement, Votre Excellence a peut-
être cru que, satisfaits du châtiment que je venais de subir,
et retenus par cet acte imposant de son autorité, ces messieurs me laisseraient désormais jouir de mon entière liberté :
non, leur vengeance n'était pas¦complète. Aujourd'hui encore,
retenu captif dans Paris, je me vois interdire la faculté d'exercer ailleurs mon état. Persistant à me contester mes droits,
MM. du Comité fondent leurs étranges prétentions sur les motifs contenus dans le factum curieux qu'ils ont publié. Il ne
manque à leur plaidoyer que de justifier aussi mon *arrestation*; mais ils ont eu la pudeur de la passer sous silence. Vous
avez pu voir comment ils entendent la légalité et la justice.

Le grand argument qu'ils opposent à ma libération, c'est
le silence que j'ai gardé, après l'offre qui m'a été faite d'un
nouvel engagement; comme si je pouvais me trouver engagé par une offre de conditions plus désavantageuses que les

» ciennes ordonnances qui ont été détruites à jamais. Si les comédiens entendaient
» bien leurs véritables intérêts dans ce procès, ils réuniraient leurs efforts non
» pour le gagner, mais pour le perdre. Tandis que, d'un côté, Victor plaidera
» contre MM. les sociétaires du Théâtre-Français, de l'autre, il plaidera évi-
» demment en leur faveur; et il n'aura pas de peine à établir aujourd'hui, sans
» éprouver de contradictions, que pour représenter les chefs-d'œuvre qui font la
» gloire de la Scène Française, on ne cesse pas d'être citoyen. Les comédiens
» mêmes, qui sont momentanément ses adversaires, lui devront bientôt des re-
» mercimens. Victor appartient¦à une famille honorable, qui combattit ses pen-
» chans pour le théâtre; et, par une singularité remarquable, le lieu où il vient
» d'être détenu, pour n'avoir pas voulu jouer la comédie, est précisément le même
» où il fut renfermé, il y a quelques années, pour avoir voulu paraître sur la
» scène. »

premières, et qui exigeaient nécessairement de ma part une acceptation explicite.

Ces messieurs déclarent reconnaître, *pour unique autorité, celle de M. le Premier-Gentilhomme de la Chambre*, pour seules lois, celles des Menus-plaisirs. Et un de leurs avocats ose prétendre : qu'en la forme, les Tribunaux sont incompétens, et que renvoyé à M. le duc de Duras, je me verrai interdire par lui, pendant deux ans, l'accès de toute espèce de théâtres !

Ils s'appuient sur le respect dû à leurs règlemens; et concluent de ce que le Théâtre-Français est placé sous l'autorité spéciale de M. le Duc, *qui a arrêté que j'étais engagé*, qu'ils doivent me regarder comme attaché au Théâtre, tant que Monseigneur n'a pas daigné me congédier, *vu qu'il n'y a point, à la Comédie Française, d'autres formes d'engagement* !

Votre Excellence a témoigné le cas qu'elle fait de ces règlemens, et la valeur qu'elle attache aux arrêtés de MM. les Premiers-Gentilshommes. Il dépend d'elle de consommer cet acte de légalité et de compléter ma libération. Elle peut, sans empiéter sur les priviléges de la Chambre du Roi, trancher toutes les difficultés, et me rendre l'exercice de mon état et de tous mes droits, en me délivrant simplement l'autorisation réservée à ses attributions : celle de voyager librement en province. Cet avantage me suffira; il me dispensera de poursuivre une réparation que je ne saurais obtenir sans perdre un temps précieux pour mes études, et à laquelle je renoncerai volontiers, satisfait du mépris que mes adversaires ont eux-mêmes attiré sur eux par leur conduite, et de la condamnation qu'ils ont subie dans l'opinion publique*.

---

* M. Decazes, qui se trouvait alors dans les dispositions libérales auxquelles le portait, par momens, son système de bascule, accorda au requérant un passeport qu'il signa lui-même, et prévint de cette manière un procès que, dans l'intérêt des théâtres, il eût peut-être été désirable de voir se vider judiciairement.

IDÉES

SUR LES

DEUX THÉATRES-FRANÇAIS,

ET SUR L'ÉCOLE ROYALE

DE DÉCLAMATION.

1819.

L'ÉTABLISSEMENT d'un second Théâtre-Français était, depuis long-temps, l'objet des vœux de tous les amis de l'art théâtral*. La concurrence est un des moyens les plus efficaces de réveiller les Comédiens-Français de leur assoupissement, et de prévenir la ruine dont leur théâtre est menacé. Mais, quelques avantages qu'il puisse en résulter, cet établissement suffira-t-il? La Scène Française est-elle tombée dans cet état de dépérissement, par cela seul qu'elle n'a point eu de concurrence à soutenir?

On convient généralement de sa décadence : chacun s'en plaint; mais on se borne à se plaindre, et personne ne remédie au mal, parce que personne ne se donne la peine d'en examiner les diverses causes. Le Français aime le théâtre, mais sans y attacher une grande utilité. Il ne s'intéresse à ses progrès qu'autant qu'ils ajoutent à ses plaisirs, et il songe peu à diriger l'art du comédien au profit de la civilisation et des lumières.

* Cette institution, si favorable à l'art dramatique, était trop contraire aux vues de la Camarilla, pour avoir une longue existence; aussi fut-elle bientôt détruite. comme on le verra, par les réédificateurs de monastères et d'églises gothiques.

Si les ouvrages dramatiques influent sur l'esprit public, ce n'est qu'autant qu'ils sont représentés dignement. A la simple lecture, ils ne produiraient sur lui qu'une bien faible impression. La représentation frappe, émeut, entraîne irrésistiblement; elle offre une morale en action, d'un bien plus puissant effet que toutes les leçons d'une morale écrite.

Aussi, la plupart des gouvernemens ont reconnu l'utilité de l'art théâtral, et ont cherché à l'honorer. Chez les Anciens, la *Déclamation* faisait partie de l'éducation. L'orateur célèbre qui, du haut de la tribune, imposait au vainqueur d'Athènes, avait perfectionné son éloquence, à l'école du comédien Andronicus.

C'est en France, dans le pays où cet art brillant a toujours été le moins apprécié, qu'il s'est néanmoins élevé au plus haut degré de prospérité ; c'est même à l'époque où le préjugé attaché à cette profession régnait avec le plus de force, que le théâtre brillait du plus grand éclat. Mais, quelque florissant qu'il ait pu être, je doute qu'il ait atteint toute la perfection dont il est susceptible. Pourrait-il en être autrement d'un art auquel la plupart des hommes, qui ont reçu une certaine éducation, rougissent de se livrer, et qui n'est généralement embrassé que par les classes subalternes de la société? S'il n'est point indispensable, quoique prétendît Baron, qu'un comédien ait été *nourri sur les genoux des Reines*, du moins est-il vrai de dire que son éducation ne saurait être trop soignée: peu d'arts exigent un esprit plus cultivé, des connaissances plus variées, une plus grande réunion de qualités physiques et morales.

Pendant quelque temps, les comédiens ont été admis à l'Institut. Je ne sais par quel motif on les en a exclus: ils auraient autant de droit d'y prétendre que les autres artistes. C'est en excitant leur émulation, en donnant aux jeunes acteurs l'espoir de jouir des mêmes distinctions que celles accordées aux autres carrières, qu'on pourra rendre à leur état la considération qu'il réclame.

On ne peut, dit-on, honorer une profession qui livre un

homme aux caprices du public; mais le droit que le public exerce, au théâtre, n'a-t-il pas dégénéré en un abus, qu'il serait possible de réprimer, ou du moins de restreindre dans de certaines limites? *Je paye,* est l'argument sur lequel on le fonde : et que ne paye-t-on pas dans ce monde? Le prêtre lui-même ne fait-il pas payer sa messe? On fonderait avec plus de raison cette défaveur sur la conduite de quelques comédiens, qui, ne voyant pas de considération à espérer, se croient dispensés d'en mériter.

Les Grecs encourageaient leurs acteurs, au spectacle, par leur retenue. Des hommes, aussi distingués dans les lettres que dans la société, ne se faisaient point scrupule de monter sur la scène. Le public assistait à leurs représentations avec décence et recueillement. Pourquoi n'en serait-il pas ainsi parmi nous? Pourquoi ne verrions-nous pas, un jour, dans notre théâtre, une véritable école de morale et de goût, et dans les comédiens, des citoyens chargés, comme dans Athènes, de l'honorable fonction d'inspirer à leurs compatriotes tous les nobles sentimens de l'âme?

La révolution, qui a produit dans les autres classes de la société des avantages si sensibles, n'a que bien faiblement amélioré l'état social du comédien. Elle n'a pas été non plus, sous beaucoup de rapports, bien favorable aux progrès de l'art. Le costume s'est perfectionné ; les paniers ont été abolis; mais l'action théâtrale a perdu sa noblesse et sa grâce, ce mélange de dignité et de naturel qui en constituent la perfection. L'esprit de parti ayant long-temps décerné les applaudissemens, les acteurs ont pris le change : en les attribuant à leur talent, ils se sont jetés dans une fausse route.

A la suite des scènes terribles de notre grand drame politique, on a eu besoin de peintures outrées pour être ému. Il s'est établi dans la tragédie un système étranger à la nature, basé sur des contrastes bizarres et sur des changemens de voix ridicules. On a cherché plutôt à frapper fort que juste ; l'extraordinaire a été pris pour le sublime. Les accens de l'âme

ont été sacrifiés à des émotions factices, tenant à la vibration
de la voix et à la contraction des nerfs, et qui, au lieu de toucher le cœur, n'agitent que les sens.

Le public s'est gâté avec les acteurs; il ne se compose plus,
comme autrefois, d'amateurs éclairés, d'hommes de lettres ha-
biles à diriger l'artiste, et s'intéressant à lui par amour de
l'art. Tout le monde fréquente aujourd'hui les théâtres; et
chacun se mêle de juger. Depuis que la politique a absorbé
toutes nos idées, il nous reste bien peu de réflexion pour les
jeux de la scène. On applaudit encore avec justesse les principaux passages d'un rôle; mais sait-on aussi-bien en apprécier l'ensemble, en distinguer l'esprit et toutes les nuances?
Une faute de mémoire, un éclat de voix malheureux ne sont
point pardonnés; et les contre-sens les plus grossiers souvent
sont tolérés.

Ce qu'on admire dans un vieil acteur, on le condamne dans
un jeune. Les défauts de celui-ci sont des qualités dans l'autre.
Paraissez, précédé d'une grande réputation et d'une longue
habitude de la scène, cette foule d'hommes qui n'ont de jugement que celui de leur gazette, vous trouveront sublime.
La manière sera prise pour de la profondeur, le charlatanisme
pour de l'art, des effets de mélodrame pour des inspirations
tragiques. Frappez l'oreille de vos auditeurs d'une opposition
de voix inattendue, les bravo retentiront de toutes parts. On
n'examinera pas si cette opposition est juste et naturelle, conforme au goût, appropriée au caractère et à la situation du
personnage.

Il y aurait un remède à ce mal : on le trouverait dans une
critique juste et raisonnée, faite pour éclairer à la fois l'acteur
et le spectateur. Ces leçons publiques, données dans les journaux, seraient, par leur effet puissant sur l'amour-propre, les
plus salutaires qu'un comédien pût recevoir. Mais, à quelques
exceptions près, comment jugent aujourd'hui nos aristarques?
Que de légèreté et de contradictions dans leurs avis! Ils cen-
surent un acteur dans sa conduite, dans ses opinions; mais ils

songent fort peu à analyser son jeu, et à lui indiquer les moyens de perfectionner son talent.

Dans l'état actuel des choses, c'est à une bonne école de produire de bons acteurs. Une *école!* va-t-on s'écrier; peut-elle créer des comédiens? Non, sans doute; mais l'homme, doué par la nature des moyens nécessaires pour le devenir, se formera, à une école, et n'atteindra jamais la perfection sans son secours. Il est des écoles pour la peinture, pour la musique; pourquoi n'y en aurait-il pas pour l'art théâtral?

Il n'existait pas d'école autrefois, me dira-t-on; et jamais il n'y eut de plus grands acteurs. Mais, parceque ces deux circonstances se sont trouvées réunies, il ne s'ensuit pas que l'une soit la conséquence de l'autre. On manquait, il est vrai, d'école publique, mais on en avait de particulières. Les acteurs de l'époque donnaient des leçons chez eux. Molé, Lekain, Préville formaient des élèves, aussi empressés de recueillir leurs préceptes que de s'appuyer de leurs exemples.

Si une école est nécessaire, c'est surtout pour le théâtre. Dans les autres arts, que l'artiste meure, ses œuvres subsistent; il laisse, long-temps après lui, des traces de son génie, des fruits de son travail et de ses découvertes; ses productions servent de modèles à ses successeurs; et, par des imitations progressives, l'art s'agrandit et se perfectionne. Il n'en est pas de même du théâtre : élevé au plus haut degré, il retombe, à la mort de l'acteur, dans son état primitif de faiblesse et d'enfance. Une école est le seul moyen de remédier à ce grave inconvénient; elle seule, dépositaire fidèle des traditions, peut, en les propageant, donner une idée des talens qui ne sont plus.

Un des grands avantages de la création du Second-Théâtre, c'est d'ouvrir aux acteurs un champ, que leur interdisait le monopole exercé par les comédiens de la rue de Richelieu. C'est beaucoup, sans doute; mais cet avantage ne donnera pas à de nouveaux sujets les premières notions de leur art, ne ramènera pas leur jeu à de meilleurs principes. Un Second-Théâtre

ne saurait produire tout l'effet qu'on en attend, sans une école.
Quant à celle qui existe, je la trouve plus nuisible qu'utile *.
Il en faut une autre, organisée sur un nouveau plan, dirigée
par une nouvelle méthode.

L'École royale renferme quatre classes, tenues par des acteurs de la Comédie-Française, et suivies indistinctement par
tous les élèves, qui y répètent, chacun à leur tour, selon la
manière de chaque maître, des scènes de tragédie et de comédie. Je ne sais pourquoi on n'y suivrait pas la progression
qui s'observe dans l'enseignement de tous les autres arts ;
pourquoi on n'y établirait pas une classe pour les commençans,
et d'autres pour les élèves plus avancés. Dans la première, on
se bornerait à l'étude de la langue, de la prosodie et de la
versification. La seconde serait consacrée aux principes du
débit, à ceux de la pantomime et à tout ce qui constitue l'action théâtrale. Dans une troisième, on s'attacherait à polir le
jeu des élèves, à échauffer leur imagination et à leur décou-
vrir tous les secrets de la scène.

Entre autres défauts, les professeurs du Conservatoire ont
celui de ne pas s'occuper assez de la partie littéraire de l'art.
Leurs leçons ne consistent guères qu'à indiquer des effets de
théâtre. Ils négligent trop un soin important, celui de faire
envisager la scène dans ses rapports avec la poésie, la morale
et l'histoire.

Ce qui manque encore essentiellement au Conservatoire,
c'est un théâtre, où l'élève puisse mettre en pratique les leçons
du maître. De quelle utilité peuvent être les exercices publics
qui s'y font? Quel effet peuvent produire des fragmens de tragédie, débités en plein jour et en habits bourgeois? Ces simu-
lacres de représentations sont-ils propres à autre chose qu'à

---

* Cette école, créée en 1786, avait pris, sous l'Empire, beaucoup d'extension.
Elle rentra, à la Restauration, dans ses anciennes limites, et fut confiée à la surveillance de M. Sosthènes de la Rochefoucault, qui, après en avoir de plus en
plus entravé le succès, finit par l'abolir entièrement. Les fonds consacrés à son
entretien furent destinés à grossir les revenus d'une institution de *musique
religieuse.*

exercer la mémoire? Ce n'est qu'en jouant des ouvrages entiers, avec le costume et tous les accessoires de la scène, que l'élève pourrait en recueillir quelque fruit. Les costumes, la lumière, les décors transportent, en quelque sorte, l'acteur dans un monde nouveau, hors duquel il ne peut acquérir de son art qu'une idée imparfaite.

Il importerait aussi de n'accorder les places de professeurs qu'à des comédiens retirés. Ils porteraient à leurs élèves un intérêt plus sincère; ils mettraient plus de soin à les former, et chercheraient à acquérir une réputation nouvelle dans la carrière de l'enseignement. Ce serait d'ailleurs une retraite honorable, due aux talens et aux services, qui ne pourrait qu'exciter l'émulation de tous les acteurs. Ils inspireraient, d'un autre côté, une confiance et un respect auxquels ne peut prétendre l'homme qui court encore les hasards d'une carrière, et qui est journellement exposé à la critique.

Espérons que le Ministre à qui nous devons la création d'un second Théâtre-Français, ne laissera pas son œuvre imparfaite, et ne tardera pas à nous accorder aussi une bonne école. Il voudra sans doute tirer de ce théâtre tout le parti dont il est susceptible. Déjà son influence sur le premier se fait sentir; mais c'est au public de le soutenir, d'encourager ses essais, de ne pas exiger, dès à présent, dans la composition de sa troupe, une réunion de sujets qu'on ne peut espérer y rencontrer qu'avec le temps.

La réputation et l'expérience de plusieurs acteurs du Premier-Theâtre feront peut-être encore pencher, long-temps, la balance en sa faveur. Mais il est des avantages auxquels le Second peut, dès ce moment, prétendre sans trop d'ambition. Si ses représentations n'offrent pas des talens aussi brillans, en revanche elles peuvent présenter un ensemble plus satisfaisant. Les acteurs peuvent éviter de jouer, chacun à sa façon, et de sacrifier au désir de briller individuellement l'effet général de la pièce. Ils peuvent s'attacher à prononcer leur langue plus correctement, monter plus de pièces nouvelles, accueillir avec

6.

plus d'égards les auteurs, montrer enfin pour le public plus de déférence et de respect.

Ils peuvent aussi apporter dans leurs costumes et dans leurs décorations plus de vérité et de variété; ne pas faire habiter aujourd'hui à Auguste le palais, qui servira demain à Pyrrhus; revêtir les gardes de l'empereur romain d'une autre armure que les soldats du roi d'Epire; donner enfin à la représentation de certaines scènes la pompe et l'éclat qu'elles comportent. Il s'est introduit au Premier-Théâtre, non-seulement dans le jeu des acteurs, mais encore dans la mise en scène des pièces, une manie de simplification qui rapetisse tous les personnages et rend mesquins tous les tableaux. Pourquoi, dans Andromaque, Oreste ne se présente-t-il pas, sous un aspect plus imposant? A peine Oreste, ambassadeur des Grecs, se distingue-t-il d'Oreste, jeté par la tempête sur les rivages de la Tauride. Pourquoi ne porte-t-il pas au moins le sceptre et le bandeau qui caractérisent sa dignité, et ne le voit-on pas entrer, suivi du *pompeux appareil* que Pilade annonce?

Mais il y aurait, à ce Théâtre, une question plus importante à traiter : c'est celle de son administration. Avant toutes les améliorations que réclame la scène, il faudrait s'occuper des réformes que nécessite sa législation, extirper de son sein un abus qui a engendré tous les autres, lui enlever le privilége funeste d'être régi par des sociétaires.

Le Premier, comme le Second-Théâtre, demande à être soumis à une Direction. Des comédiens ne sauraient se gouverner eux-mêmes; ce n'est pas entre leurs mains que doit être remis le sort des jeunes acteurs. Quels inconvéniens ne résultent pas, pour la Comédie-Française, de cette vicieuse organisation! Si tous ses membres n'étaient pas les maîtres, les débats qui les divisent se renouvelleraient-ils aussi fréquemment? Qu'on les assujettisse à une Direction juste et éclairée, tout rentrera dans l'ordre : la médiocrité ne commandera plus au talent; le talent lui-même n'aura plus la faculté d'interdire à un débutant le moyen d'en acquérir. Des usages surannés ne seront plus présentés comme des lois inviolables, assez puissantes pour priver un comédien de la jouissance de tous ses droits.

Le Théâtre de l'Opéra offre un exemple frappant des avantages d'une Direction. Là, comme partout, on rencontre des abus; mais les acteurs y font-ils leur volonté, comme MM. les Sociétaires de la Comédie? La marche du répertoire y est-elle sans cesse entravée par les caprices de l'un ou de l'autre? Y voit-on autant d'emplois vacans; et la danse et le chant manquent-ils de sujets?

Convient-il aussi de laisser la Scène Française sous la dépendance d'un Premier-Gentilhomme de la Chambre, d'une Autorité qui n'est plus de notre temps, qui ne se signale que par son opposition aux principes administratifs du pays? Cette surveillance appartient au Ministre de l'intérieur, au Pouvoir qui préside aux arts et aux lettres, qui dirige les théâtres de province, qui est en rapport avec les académies et les auteurs, qui tient, en un mot, dans ses mains, tous les élémens de la prospérité de l'art dramatique et de l'art théâtral. C'en est fait des deux Théâtres-Français, si une Autorité protectrice et libérale ne se hâte de les soutenir, de leur donner une organisation conforme aux besoins du siècle et analogue aux lois de l'Etat.

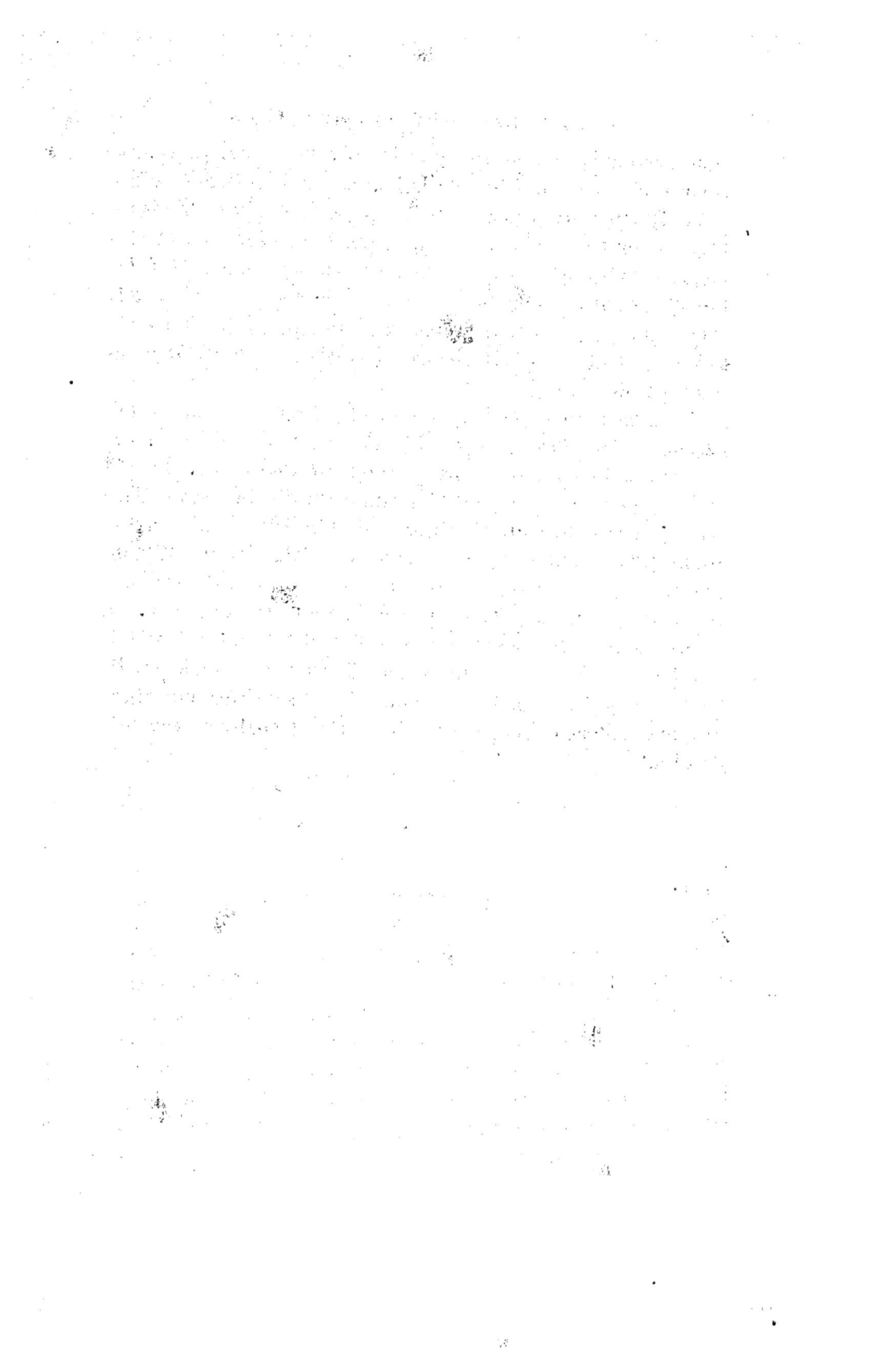

NOTE

CONTRE LES SOCIÉTAIRES

DU

SECOND THÉATRE-FRANÇAIS.

1820.

Que des Directeurs de théâtres ordinaires, exploitant leur entreprise pour leur propre compte, ne voient dans l'art théâtral qu'une industrie, et dans l'acteur qu'un manœuvre attaché au service de cette industrie, on le conçoit; mais, que telle soit la manière de voir des administrateurs d'un théâtre national, soutenu aux frais de l'État, dans l'intérêt de l'art; qu'une société d'artistes, présidée par un auteur dramatique, gouverne dans cet esprit le second Théâtre-Français, c'est ce qu'il est plus difficile de s'expliquer.

Ce malheureux établissement en butte, dès sa naissance, à tant d'attaques, aurait-il, jusque dans son sein, des ennemis chargés de coopérer à sa ruine? Aux abus qui s'y introduisent journellement, on serait tenté de le croire. Ce qui est certain, c'est que ses adversaires les plus déclarés, MM. les comédiens du Premier-Théâtre, s'ils en avaient la direction, ne s'y prendraient pas mieux pour le perdre.

Quoi qu'il en soit, comment les Sociétaires de l'Odéon peuvent-ils justifier les vexations qu'ils font éprouver, depuis six mois, à un homme qui a concouru avec eux à la fondation de ce théâtre, qui n'a jamais cessé d'en embrasser les véritables intérêts, et dont le public continue à encourager, de plus en plus, les efforts? Ne devais-je pas m'attendre à trouver au moins un appui dans leur Directeur? M. Picard ne m'inspirait-il pas lui-même l'esprit de conduite qu'on me reproche, lorsqu'avant l'ouverture du Théâtre, m'abusant par des mots flatteurs, il m'écrivait : « C'est à vous, notre jeune » et brillant espoir, que je m'adresse pour le répertoire tra- » gique de notre première quinzaine... Mes idées sont su- » bordonnées aux vôtres. La troupe est déjà assez complette ; » et j'ai la certitude qu'elle le sera assez, pour que tous les em- » plois soient remplis d'une manière satisfaisante, *et surtout,* » *pour que les pièces marchent avec ensemble.* »

Cependant, c'est pour avoir réclamé cet ensemble, pour avoir veillé à ce qui intéresse le plus le Théâtre, que je me vois en butte à des chicanes dont on ne pourrait trouver d'exemples qu'à la Comédie-Française. Mais devrais-je m'étonner de rencontrer au Second-Théâtre les mêmes déboires qu'au Premier? Est-il surprenant de voir ces deux établisemens gouvernés par les mêmes principes d'arbitraire, lorsque l'on considère qu'ils sont l'un et l'autre soumis à la surveillance commune des Menus-plaisirs?

Simple pensionnaire, étranger à la Société de l'Odéon et à toutes ses intrigues, uniquement occupé de l'étude de mon art, je n'ai eu, jusqu'à ce jour, d'autre ambition que de contribuer, en ce qui dépendait de moi, à rendre le second Théâtre-Français digne du but de son institution. C'est là peut-être la source de l'acharnement avec lequel on cherche à m'en écarter.

Par suite d'une de ces mutations, si fréquentes à ce Théâtre, j'avais été prévenu, le 4 novembre, que la tragédie portée au répertoire de la semaine, et annoncée par les affiches pour le lendemain, serait remplacée par celle de *Coriolan.* Cette

pièce n'avait pas été représentée depuis long-temps; et deux
acteurs nouveaux devaient y jouer avec moi.

Aux termes des règlemens, il est enjoint à l'Administration
de fixer le répertoire, au moins huit jours d'avance, afin de
donner aux acteurs le temps de se préparer à leurs rôles. Je
me montrai néanmoins disposé à me conformer à l'avis que je
venais de recevoir; mais je priai les semainiers de m'accorder préalablement une répétition, nécessaire pour m'entendre
avec mes nouveaux interlocuteurs, si l'on voulait offrir au
public une représentation satisfaisante.

Contrairement à tous les usages, ma demande est repoussée.
On prétend qu'une répétition m'est inutile. Je déclare qu'alors
je ne jouerai pas, n'étant tenu de paraître que dans la pièce
primitivement fixée. On n'en persiste pas moins à m'annoncer
dans Coriolan. Seulement, une heure avant l'ouverture de la
salle, on se décide à substituer, sur quelques affiches des envi-
rons, un autre nom au mien. Cette substitution n'ayant pu être
remarquée que d'un très petit nombre de personnes, le public,
qui, au lever de la toile, vit paraître un acteur qu'il n'attendait pas, me demanda à grands cris. Voici comment un
journal rapporta la scène qui s'est passée à cette occasion.

« Le commencement de la soirée de dimanche a été marqué
» par le tumulte le plus effroyable peut-être, qui jusqu'à présent
» ait éclaté dans l'enceinte de la nouvelle salle de l'Odéon.
» Victor avait dû jouer le rôle de Coriolan; mais cet acteur
» étant tombé subitement indisposé, l'Administration lui a
» donné pour suppléant Déricourt, engagé depuis peu. Cet
» échange a paru déplaire singulièrement au public, qui, trois
» fois, a forcé son double de quitter la scène. Comment s'y
» prendre pour apaiser des spectateurs dont une sorte de fureur
» s'était emparée ? En vain Samson, et un commissaire de
» police en écharpe bleue, voyageant de concert, sont venus, à
» plusieurs reprises, pour leur faire entendre raison. De guerre
» lasse, cependant, Déricourt est parvenu à se faire entendre.
» L'assistance était fort nombreuse. Le parterre, les loges, les

» galeries, le ceintre étaient pleins. Les Sociétaires du Fau-
» bourg-St.-Germain ont donc recueilli, en cette occasion,
» beaucoup de bruit et beaucoup d'argent. Ils s'abonneraient
» à moitié moins. »

Le lendemain, je reçois de M. l'Intendant des Menus une
lettre qui m'annonce que, sur le rapport de MM. les Sociétaires de l'Odéon à M. le comte de Pradel, ministre de la Maison
du Roi, je suis *condamné, en vertu des règlemens, à payer une
amende de cinq cents francs, et à me voir interdire l'entrée de
l'assemblée générale!*

Les règlemens disent: *art. 6 et 9, Chap. IV.* « Dans le cas
» où il y aurait mauvaise volonté avouée de la part de l'acteur,
» c'est-à-dire s'il refusait de jouer, sans alléguer d'excuse va-
» lable, il est passible d'une amende de cinq cents francs. —Tout
» acteur qui, sans excuse jugée valable, manquera au service,
» sera condamné, suivant la gravité des cas, aux amendes pré-
» vues. »

Je demande s'il m'était possible de présenter une excuse
plus valable que celle de n'avoir pas été prévenu, à temps, du
changement de spectacle, d'avoir été privé d'une répétition
nécessaire à l'ensemble de la représentation, et que je récla-
mais conséquemment dans l'intérêt général? Quel motif et quel
droit avait-on de me la refuser? Peut-on forcer un acteur, dont
le rôle embrasse la moitié de la pièce et doit lui imprimer tout
le mouvement, à le jouer sans étude et sans préparation?

Et, en admettant que ces raisons ne fussent point suffisantes,
me suis-je donc trouvé dans un cas si grave, que je dusse être
passible d'une amende aussi élevée, puisque mon refus n'a apporté aucune entrave au service du Théâtre, que la représentation annoncée n'en a pas moins eu lieu, et que même l'Administration, en conservant mon nom sur la plupart des
affiches, en a tiré parti pour s'assurer une meilleure recette?

Cependant, malgré ces considérations, pour une prétendue
indiscipline de coulisses, je me vois infliger, par le bon plaisir
d'un Pouvoir illégal, une peine que dans la société les Tribunaux

n'imposeraient pas, pour des délits très graves. Et à quel titre des règlemens de théâtre suffisent-ils pour assujétir un comédien à cette pénalité exceptionnelle? Sous un régime qui proclame tous les citoyens égaux, il n'y avait pas d'Autorité de comédie, quelque délit qu'on eût à m'imputer, qui fût en droit de me spolier ainsi du produit de mon état. L'amende et l'emprisonnement ne sauraient être, d'après nos lois, que le résultat d'une condamnation judiciaire.

Le 9 novembre, je protestai contre cette violation de toute justice, en signifiant à MM. les Sociétaires du second Théâtre-Français, en la personne de M. Picard leur directeur :
« Qu'attendu que l'Administration, si elle persistait à me dé-
» pouiller ainsi d'une partie de mes émolumens, cesserait de
» tenir envers moi ses engagemens, je me regarderais, de mon
» côté, comme dispensé de tenir les miens envers elle, et je
» CESSERAIS de jouer jusqu'à ce que justice m'eût été rendue ;
» mais que, m'en rapportant préalablement à sa sagesse, j'at-
» tendrais, avant d'user de mes droits, qu'elle me fît connaître
» sa résolution définitive ! »

En réponse à cet avis, M. Picard m'envoya, dès le lendemain, une assignation qui ne tendait à rien moins qu'à obtenir du Tribunal de Commerce, *la résiliation de mon engagement avec paiement de dommages-intérêts* !

Quels motifs M. Picard alléguait-il pour soutenir une pareille prétention ? Il m'accusait « d'avoir manqué à mes devoirs, en
» refusant de jouer Coriolan, ce qui avait engagé plusieurs per-
» sonnes à se faire rendre leur argent; en ne répondant point
» à une lettre qui m'invitait, quelques jours après, à paraître
» dans *Cinna*, ce qui avoit empêché le Théâtre de donner
» cette pièce; en manifestant enfin moi-même la résolution de
» cesser désormais mon service. »

M. Picard et ses associés savent combien il y a de mauvaise foi dans ces assertions ; mais il leur fallait des prétextes qui motivassent la demande qu'ils avaient à soutenir ; et ce qui montre l'embarras où ils se trouvaient de m'opposer des

griefs fondés, c'est la nécessité de recourir à une fausse interprétation de mon acte déclaratif, en prétendant que j'avais
positivement refusé de jouer et de tenir mes engagemens.
N'a-t-on pas eu honte de dénaturer ainsi mes expressions, de
falsifier mes intentions, en reproduisant dans le sens absolu une
phrase qui n'exprimait qu'une rupture conditionnelle? Peut-il
y avoir, aux yeux de la justice, rien de plus condamnable que
de tronquer à ce point les termes d'un acte judiciaire, où tous
les mots doivent être rapportés fidèlement; et d'aussi indignes
subtilités ne mériteraient-elles pas d'être sévèrement répri-
mées?

Je répondis à la signification de M. Picard, vu la fausseté
des faits qu'elle contenait, par une nouvelle protestation qui
lui annonçait que j'allais, sans délai, signaler cette altération
perfide, et faire valoir tous mes moyens de droit contre ses in-
terprétations furtives, me réservant de paraître devant la justice pour y faire représenter non-seulement nos traités particuliers, mais encore les statuts et règlemens du Théâtre, afin
de donner à ma cause toute la publicité et tous les déveloρ-
pemens jugés utiles aux intérêts de tous les comédiens, et
faire reverser sur lui les dédommagemens qu'il réclamait.

Cet avertissement ne fut pas sans effet. La veille du jour où
mes adversaires étaient appelés à comparaître devant le Tribunal, je reçus de M. Picard une déclaration par laquelle il
se désistait de ses poursuites, au nom de sa Société, m'annonçant que, puisque je prétendais ne pas abandonner mon service, sa requête, n'ayant plus d'objet, serait considérée comme
non avenue.

Une renonciation aussi formelle ferait croire qu'elle était
volontaire; mais elle était bien forcée. Comment se présenter
devant le Tribunal avec une demande motivée sur le prétendu
refus de remplir mon engagement, et tendant à le faire rési-
lier, à dater du 5, lorsque depuis cette époque, deux fois, le
Théâtre avait été obligé de m'employer, par suite de changemens de spectacle imprévus? On va juger de l'effort que cette

rétractation avait coûté, et du dépit avec lequel on s'y était soumis.

Ce désistement amenait nécessairement l'annulation d'une amende qui ne m'avait été imposée que sur des motifs, qu'on reconnaissait ne plus devoir subsister. Cependant, par un esprit de rancune et d'audace qui ne semble appartenir qu'aux administrations de comédiens, on osait dans ce même acte, qui m'absolvait de tous mes torts, se réserver contradictoirement le droit de maintenir cette amende !

C'est peu : le 5 décembre dernier, lorsque je me suis présenté pour toucher mes appointemens du mois précédent, on ne s'est pas borné à me retenir cinq cents francs, sous le prétexte d'avoir refusé de jouer Coriolan : le caissier, sans que j'en eusse reçu aucun avis, m'a annoncé qu'il lui était enjoint de me retenir encore pareille somme, pour avoir refusé de jouer Cinna !

Et en vertu de quel arrêté, cette spoliation inouie? En vertu de la décision pure et simple de MM. les Sociétaires de l'Odéon, sans aucune sanction de l'Autorité, sans autre titre à l'appui, qu'une lettre signée *Chazel*, financier de la troupe et secrétaire de la Comédie. Ne croirait-on pas voir ces messieurs représenter un jugement à l'orientale, et nouveaux cadis, remplir à la fois les rôles d'accusateurs, d'appréciateurs et de juges ?

Il faut avouer qu'il serait fort commode de pouvoir se faire ainsi justice soi-même, et disposer, selon sa volonté, d'un rapt de *mille francs*! Avec une marche aussi leste, en soutirant de leurs pensionnaires, au moindre prétexte, le fruit de leurs travaux, les administrateurs de l'Odéon pourraient se composer une troupe à fort bon compte. Sous le titre d'amende, ils m'ont frappé là d'une véritable confiscation : ignorent-ils donc que la confiscation est abolie ?

Je me disposais à élever mes plaintes contre ce scandaleux abus de pouvoir, cette usurpation de toutes les convenances et de tous les droits, lorsque M. de Lauriston a été nommé ministre de la Maison du Roi, en remplacement de M. de Pradel. Son équité a fait enjoindre à MM. les Sociétaires de me rendre la réparation qui m'était due , *comme m'ayant fait une fausse application des réglemens.*

Après cet arrêt , je devais me croire quitte de toute contestation dans cette affaire; je devais m'attendre même à en éprouver, sans retard, le plein et entier effet. Mais que sont les décisions d'un Ministre , et même les déclarations de la loi pour des Comédiens privilégiés du Roi !

Qu'ont-ils imaginé pour éluder, depuis deux mois, l'accomplissement de la volonté ministérielle? Ils ont bien voulu consentir à me restituer la première amende; mais ils prétendent que , M. de Lauriston ne s'étant point prononcé sur la seconde, *il est de leur devoir de la maintenir !..* La seconde, qui n'est que la conséquence de la première, qui m'a été imposée plus arbitrairement encore, qu'ils ont décidée de leur propre autorité, et en évitant soigneusement de la soumettre à l'approbation du Ministre !..

LETTRE

A M. LE MARQUIS DE LAURISTON,

MINISTRE DE LA MAISON DU ROI,

SUR

L'ÉTAT DE LA SCÈNE FRANÇAISE,

ET SUR LES RÉFORMES QU'ELLE NÉCESSITE.

1822.

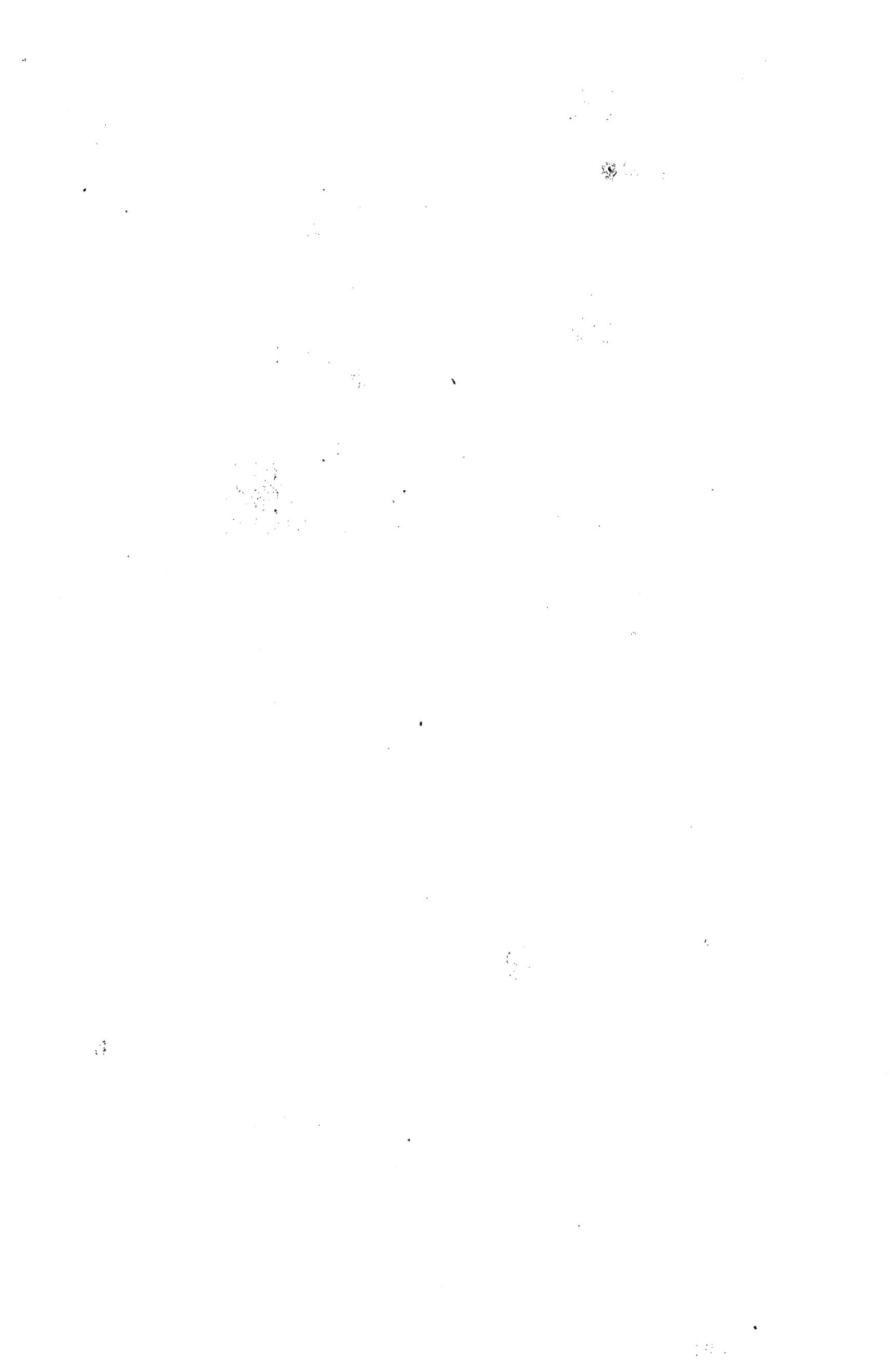

MONSEIGNEUR,

Le désir que Votre Excellence paraît avoir de régénérer la Scène Française, m'engage à lui soumettre quelques-uns des moyens qui me semblent les plus propres à atteindre ce but. Ne pouvant juger les abus et les besoins du théâtre que sur les rapports qu'on lui adresse, elle est souvent exposée à être induite en erreur. Trop éloignée par son rang de l'intérieur des coulisses, elle ignore ce qui s'y passe. Mon état me l'a appris, et me permet de le lui faire savoir. Des hommes de lettres, des chefs de bureaux pourront lui offrir des phrases plus élégantes, des discours plus flatteurs; le comédien seul peut, je crois, lui présenter les choses sous leur véritable point de vue.

Une des causes qui me paraissent nuire le plus à la prospérité de tous les théâtres, c'est de manquer d'une Autorité commune qui les dirige d'une manière spéciale, et leur consacre ses soins exclusifs. Ils ne forment qu'une des branches du ministère de Votre Excellence. L'étendue de ses attributions ne

4.

lui permet de s'en occuper qu'accessoirement; et j'oserais presque dire que leur importance est assez grande, pour réclamer un ministère particulier*. Trois Autorités, le Ministre de l'intérieur, celui de la Maison du Roi, et les Premiers-Gentilshommes de la Chambre se partagent la surveillance des théâtres. Comment faire concorder ces différens pouvoirs? Quels fruits espérer de cette division? L'unité est le principe de tout; sans elle point d'ensemble, point d'ordre, point d'accord.

Un jour peut-être nous traiterons les théâtres comme toutes les institutions réellement utiles. Nous sentirons que pour faire concourir chacun d'eux au succès commun, il importe avant tout de les mettre en rapport, et d'établir entre eux une union salutaire. Le public s'étonne de voir la Scène Française dépérir; mais quelles ressources, quelles ramifications a-t-elle pour s'alimenter? Si les théâtres de province appartenaient à la même administration que ceux de Paris, s'ils en étaient des succursales, soutenues et dirigées comme telles par le gouvernement, alors la Scène Française pourrait trouver en eux des moyens de subsistance, qui lui feraient reprendre une nouvelle vie.

Ce qui ne contribue pas moins à sa décadence, c'est l'abus des sociétés théâtrales. J'en ai déjà signalé les inconvéniens, dans un écrit que j'ai eu l'honneur de présenter à Votre Excellence. Si elle désire opérer dans les théâtres une régénération prompte et complète, elle ne saurait trop se hâter de le détruire. Les modifications qu'on se propose d'apporter aux régle-

---

* Le moment n'était pas propice pour demander ces réformes. C'est vers cette époque que les *missionnaires* se mirent en campagne, et parcoururent les provinces en tout sens, lançant l'anathème contre toutes les institutions favorables au progrès des lumières, et notamment contre les théâtres. Dans plusieurs villes, les salles de spectacle furent fermées, les comédiens obligés de s'enfuir, abandonnés du public et des autorités. On verra, dans le chapitre suivant, un préfet interdire, en propres termes, la tragédie dans son département. Encouragés par le succès de leurs confrères, les missionnaires du *romantisme* levèrent aussi leur bannière, sonnant la charge contre toute la littérature philosophique du 18ᵉ siècle. Voltaire, Chénier, tous les auteurs dramatiques de la République et de l'Empire, furent quotidiennement dénigrés et insultés dans les feuilles de la confrérie. On voit, aujourd'hui, dans l'état de dégradation des théâtres, l'effet de ces longues et jésuitiques menées.

mens du Théâtre-Français, le commissaire royal qui doit être
chargé d'en faire observer l'exécution et toutes les demi-me-
sures de ce genre, ne guériront pas le mal. Au degré où il est
parvenu, il faut trancher dans le vif; il faut, je le répète, cas-
ser le pouvoir des sociétaires.

Les intentions du gouvernement paraissent fixées à l'égard
du Second-Théâtre, et une sorte de ménagement semble encore le retenir envers le Premier. Quel est donc ce grand coup
que depuis si long-temps on hésite à porter? Sur quelles bases
si solides, sur quels droits si reconnus sont donc fondées les
prérogatives de ces hommes puissans, dont tout le monde se
plaint, et que personne n'ose attaquer? Quels ressorts si com-
pliqués faut-il mettre en jeu pour opérer cette grande révolution? Un mot de Votre Excellence suffit : qu'elle ordonne
à *Agamemnon* de cesser de régner au Comité, à *Tuffière* de ne
plus faire l'important que sur la scène.

Les comédiens du Théâtre-Français sont, dit-on, possesseurs
de fonds sociaux dont on ne peut les dépouiller; mais ne peut-
on pas les leur conserver, et leur ôter cependant le droit d'administrer? C'est ce dernier point qui importe; c'est là ce qui
intéresse l'art; et on rendra un service à l'artiste lui-même en
l'affranchissant d'une responsabilité, uniquement propre à attirer sur lui la mauvaise humeur du public et les sarcasmes
des journaux.

Ce n'est pas aux comédiens de juger les comédiens. En quelle
matière voit-on les concurrens appelés à décider du sort de
leurs émules? L'amour-propre pourrait-il ne pas dicter tous
leurs jugemens? Et Votre Excellence sait-elle ce qu'est l'a-
mour-propre d'un comédien? Intéressés au bien commun, dira-
t-elle, des sociétaires sont nécessairement portés à y concourir.
Non, le bien commun, la gloire du Théâtre ne sont rien pour
eux; l'amour-propre est tout. Si *Damis* peut écarter un débutant qui lui porte ombrage, si *Célimène* peut briller aux dépens
de sa rivale, ils ne compteront pour rien l'intérêt général; ils
sacrifieront même, s'il le faut, leur intérêt particulier.

On se plaint de l'importance des comédiens : mais pourquoi leur en donne-t-on ; pourquoi en fait-on des personnages importans ? Destinés la plupart à de modestes professions, ils parviennent non-seulement à exercer un art brillant, mais ils se voient encore les maîtres d'un établissement considérable. *Léandre*, qui pouvait faire un bon artisan, a lu sur une maison du faubourg Poissonnière, qu'on y apprenait à *déclamer* ; il a du *physique* et de la mémoire ; que lui manque-t-il pour être artiste, pour devenir l'interprète de nos plus grands écrivains ? Il débute chez Doyen ; ses pratiques viennent l'y applaudir. Bientôt on le voit monter sur la Scène Française ; le public le tolère ; ses camarades le jugent utile : bref, Léandre devient sociétaire. Il a voix au chapitre ; il décide du mérite des auteurs ; règle les plaisirs du public ; l'Autorité elle-même le consulte ; les chefs-d'œuvre dramatiques deviennent son bien ; le Théâtre-Français est son domaine. Étonnez-vous que Léandre se croie quelque chose, qu'il porte la tête haute, et daigne vous protéger.

Un comédien est un artiste, non un administrateur ; sa tâche est d'étudier le théâtre, non de le gérer. Son art est assez difficile pour qu'il y consacre tout son temps. Celui-ci ne ferait-il pas mieux d'apprendre ses rôles, que de remplir à la porte les fonctions de contrôleur ? Celui-là, au lieu de faire recevoir de mauvaises pièces, n'emploierait-il pas plus utilement son temps à acquérir quelques notions de littérature ?

Abandonner aux comédiens l'exploitation d'un théâtre, c'est dénaturer leur état, c'est changer un art en commerce, c'est former d'une société d'artistes une compagnie de spéculateurs, c'est étouffer le talent sous l'esprit mercantile. Tant que l'art théâtral ne sera pas traité comme un art, qu'il ne sera pas soutenu comme tel par le Pouvoir, il lui sera impossible de se relever.

Les théâtres, gouvernés par une administration étrangère aux acteurs, n'offrent-ils pas une preuve convaincante des avantages qu'ils en recueillent ? Leur marche n'est-elle pas plus régulière, et leur situation plus prospère ? Y est-il jamais question de toutes les querelles, de toutes les discussions qui divisent continuellement les sociétés théâtrales ? A l'époque où le Théâtre-Français était le plus florissant, il était, il est vrai, gouverné par une société; mais il se soutenait par le nombre des grands talens qu'il possédait, par un amour de l'art, par une émulation et un accord, qu'entretenait alors chez les acteurs un concours de circonstances qui n'existent plus de nos jours.

Mais à qui remettre le pouvoir, me demandera-t-on? je serais tenté de répondre à qui l'on voudra, pourvu que ce ne soit pas à des comédiens. Quelque mal administré qu'un théâtre puisse être, il le sera toujours mieux que par eux. Mais, en évitant un abus, on est exposé à tomber dans un autre. Je ne condamne pas le système républicain des théâtres; je n'attaque pas la puissance des comédiens, parcequ'elle est partagée entre plusieurs membres, mais parceque ces membres sont des comédiens.

Il faut au Théâtre-Français un DIRECTEUR; mais il lui faut aussi un CONSEIL D'ADMINISTRATION qui tempère son pouvoir. Ce conseil se composerait d'acteurs retirés, de gens de lettres, et d'hommes d'affaires, en qui l'on reconnaîtrait les juges les plus éclairés et les plus indépendans.

Le directeur serait le président du conseil, le commissaire du ministre. Il serait chargé de l'exécution des réglemens ; il aurait le maniement des fonds produits par les recettes et par les secours du gouvernement.

Au conseil d'administration appartiendrait le soin de diriger les intérêts de l'art, le pouvoir d'admettre et de rejeter les pièces et les acteurs. Toutes les décisions seraient prises aux voix, et soumises au Ministre, qui, dans les cas de partage, prononcerait en dernier ressort.

Les traitemens seraient proportionnés au talent, les pensions basées sur les services. Il y aurait des gratifications pour celui qui remplirait ses devoirs, des amendes pour celui qui y manquerait. Alors toutes les discussions cesseraient, tous les embarras disparaîtraient; l'ordre des choses s'améliorerait de lui-même, parce qu'il serait amené par une marche simple, naturelle, conforme à la raison et à la justice.

Un des moyens les plus propres à faire refleurir la scène, était l'établissement d'un second Théâtre-Français. Son utilité a été reconnue; mais le but de son institution a été manqué. On n'a pas su le faire tourner au profit de l'art. Votre Excellence s'occupe de le réorganiser. J'ignore quels sont les projets de réglemens qui lui ont été soumis; mais je crains bien qu'aux lois existantes, on ne lui propose d'en substituer qui ne vaudront guères mieux, ou qu'elles ne soient modifiées de manière à ne pas produire des résultats beaucoup plus satisfaisans. Que Votre Excellence se persuade bien que tout est à changer au Second-Théâtre, ses réglemens, la composition de sa troupe, et jusqu'à l'emplacement et à la construction de l'édifice.

On a introduit à ce Théâtre tous les abus du Premier, sans lui procurer aucun de ses avantages. S'il est ridicule d'avoir remis le sort de celui-ci entre les mains des comédiens, combien ne l'est-il pas davantage d'en avoir agi de même à l'autre? Si des hommes qui ont de l'expérience et quelque habitude des affaires ne peuvent pas se gouverner, comment le pourrait une société d'acteurs-apprentis? Il y a encore cela de tolérable au Premier, qu'il n'est régi que par une société; mais le Second, l'est à la fois par une société et par une direction: ce sont deux pouvoirs incompatibles, qui doivent se heurter sans cesse, et dont le choc ne peut produire qu'incohérence et anarchie. En effet, quel ordre un directeur peut-il donner à une société, reconnue maîtresse de ses intérêts? Cette société, étant responsable, n'a-t-elle pas seule le droit de les gérer? Que peut alors le directeur? Ou il usurpe le pouvoir des sociétaires, ou il n'est là qu'un juge de paix, un huissier, dont l'autorité s'étend tout au plus à imposer silence, dans les assemblées, à ces messieurs et à ces dames.

Sous plusieurs rapports, le Second-Théâtre pouvait sans peine lutter avec avantage contre le Premier. Il pouvait apporter plus d'ensemble et plus de variété dans ses représentations, mettre plus de soin dans ses costumes et dans les divers accessoires de la scène. Tous les moyens qu'il avait de faire mieux; il semble avoir pris à tâche de les éviter. Comment laisse-t-il les *comparses* et la plupart des acteurs se vêtir aussi ridiculement? Comment, dans la même comédie, les uns se montrent-ils avec le costume de l'ancien régime; les autres, habillés d'après le plus nouveau journal des modes? Ne pourrait-on pas attacher au théâtre un dessinateur, chargé d'y suppléer, de diriger la mise en scène des ouvrages, et de surveiller la tenue des acteurs?

Avec un répertoire aussi riche, ne doit-on pas s'étonner que l'Odéon offre précisément, dans le petit nombre de tragédies qu'il représente, celles qu'on donne le plus souvent à la rue de Richelieu? Que ne choisit-il de préférence une foule d'ouvrages délaissés, qui ont du mérite et qui auraient aujourd'hui l'attrait de la nouveauté? La censure se montrerait-elle plus rigide, sous un gouvernement constitutionnel, qu'elle ne l'était sous le règne de l'absolutisme?

Pourquoi sur un théâtre, destiné à nous présenter de grands tableaux, voit-on paraître aussi fréquemment des peintures de genre? Pourquoi, au lieu de réunir dans la même représentation le peu de sujets distingués qu'il possède, semble-t-on prendre soin de les séparer? Pourquoi enfin tout ce qui se fait, à ce théâtre, porte-t-il l'empreinte de la négligence et du désordre? Parceque personne ne préside à ses intérêts, qu'il lui manque un chef ferme et habile, jaloux de les faire respecter; qu'il est abandonné à vingt maîtres qui passent à se disputer, le temps qu'ils devraient employer à étudier; parcequ'enfin le Pouvoir qui en a la surveillance ne saurait s'occuper de ces détails, quand il faudrait cependant qu'il entrât dans toutes les particularités faites pour intéresser le bien général.

Une des inconvenances les plus choquantes des représentations de l'Odéon, c'est celle de montrer des jeunes gens dans

les rôles de confidens. Les personnages de cet emploi sont pour
l'ordinaire des hommes d'âge, des gouverneurs, des ministres
expérimentés. Or, quelle illusion peuvent produire dans de
tels rôles, des acteurs sans maturité et sans aplomb? Les confidens, qu'on a beaucoup trop prodigués dans la tragédie, ne
sont pas néanmoins sans utilité. Ils sont plus importans et plus
difficiles à jouer qu'on ne pense; ce sont eux qui lient les différentes parties d'une pièce, qui mettent de l'ensemble dans la
représentation. Ils exigent, pour être bien rendus, un extérieur
et une habitude de la scène que ne peuvent avoir de jeunes
acteurs, de quelques dispositions qu'ils soient doués.

Un autre abus, c'est celui de laisser aux acteurs la faculté
de s'exercer dans tous les emplois. Si on le poussait plus loin,
les rôles n'auraient bientôt plus de caractère, les emplois plus
de physionomie; les pièces dès lors, plus de contrastes, ni d'oppositions. Et quand un acteur aurait un talent assez souple, une
physionomie assez mobile, pour jouer les rôles les plus opposés,
il ne pourrait jamais le faire qu'au détriment de ceux qu'il
quitterait. Il n'est pas d'état où l'esprit s'abuse aussi facilement;
là, comme sur la scène du monde, personne ne se croit à sa
place. *Cléon*, qui ferait un bon *troisième rôle*, dont la figure
longue et les yeux creux ne dépareraient point un récit lu-
gubre, veut faire *le jeune premier*, le séducteur badin. *Dorval*,
petit homme d'un jeu sage et retenu, aspire aux rôles fougueux,
veut représenter Achille.

Les réglemens de l'Odéon, quoique vicieux, contiennent
des articles qui mériteraient d'être suivis; et qui ne le sont
pas, parceque l'exécution en est abandonnée à des hommes
qui les adoptent ou les rejettent, selon qu'ils y trouvent ou non
leur avantage personnel. Ainsi, ils prescrivent de donner, tous
les mois, une pièce nouvelle en 5 actes; et l'on n'en remet pas
même une de l'ancien répertoire: ils portent que toutes les
représentations seront fixées, au moins huit jours d'avance,
pour laisser aux acteurs le temps de s'y préparer; et à peine
le sont-elles, la veille. Aujourd'hui, l'affiche annonce un spec-

tacle pour le lendemain; le lendemain, elle en annonce un
autre. Les amateurs éloignés se méfient de l'affiche, et y regardent, à deux fois, avant d'entreprendre le voyage de l'Odéon.
Mille autres motifs concourent ainsi à écarter le public d'un
théâtre qui attirerait du monde, si on voulait seulement le
gérer avec autant de soin que l'Ambigu ou la Gaieté.

Ce n'est pas assez de diriger les comédiens dans leur conduite et dans l'accomplissement de leurs devoirs; il faudrait
encore qu'à un théâtre naissant, leur jeu et tout ce qui concerne leur art fût également surveillé. Ce n'est pas assez de
leur retirer le pouvoir d'administrer, il faudrait encore qu'on
leur ôtât le droit de jouer comme ils veulent; qu'on ne mît pas
en scène une pièce ancienne ou nouvelle, qui n'eût d'abord
été répétée DEVANT UN JURY, composé d'auteurs et d'acteurs compétens. Ce jury s'occuperait de régler l'ensemble des représentations; il obligerait les acteurs de se prêter à l'effet
général, les éclairerait sur leurs défauts, et leur ferait toutes
les observations propres à perfectionner leur talent. C'est ainsi
qu'un second Théâtre-Français pourrait devenir réellement
utile, et qu'il offrirait une école pratique, capable de rendre
à l'art théâtral d'importans services.

Si les comédiens ne laissent après leur mort aucun monu-
ment de leurs travaux, ne devrait-on pas au moins les rendre
utiles jusqu'à la fin de leur vie, et profiter du parti qu'on
peut encore tirer d'eux, après leur retraite? Nous possé-
dons encore des hommes précieux par leur expérience et
leurs souvenirs, et qui, après avoir illustré la scène par leurs
talens, pourraient encore la servir par leurs conseils. L'é-
mule de Lekain, le rival de Molé, *Larive* et *Fleury*, existent
encore. Voilà les juges qu'on devrait appeler à faire partie de
ce jury, et à décider de l'admission des pièces et des acteurs.
Que Votre Excellence compare à ces noms ceux des hommes
qu'on a chargés de ce soin; que pour mieux juger du comique
de la préférence, elle entr'ouvre la porte de leur comité : elle
rira d'abord de leur importance et de leur sottise; mais elle

avouera ensuite avec douleur, que l'Odéon n'a offert, jusqu'à présent, que la parodie d'un second Théâtre-Français.

Loin d'être favorable à l'art, ce théâtre, dans l'état où il est, ne peut qu'achever de le perdre; il n'est bon qu'à propager les vices du système actuel de déclamation, à donner de mauvais exemples, à gâter le goût du public, à faciliter l'entrée de la carrière à la médiocrité. Ce sont les théâtres de Paris qui font loi; ce sont eux qui servent de guide à ceux de province. A défaut de talens et d'objets de comparaison, le public s'habituera bientôt aux acteurs les plus médiocres; et finira peut-être même, un jour, par les regarder comme des modèles.

L'Odéon, ainsi que je l'ai dit, n'est pas seulement vicieux dans son organisation morale, il l'est encore dans sa constitution physique. La disposition de la salle n'y est pas moins défectueuse que l'administration de la troupe. Les lois de l'acoustique et celles de la perspective n'y sont pas mieux observées que celles de la déclamation. Lekain trouvait déjà l'ancienne Comédie-Française trop grande. Que dirait-il aujourd'hui de la salle de l'Odéon?

Incommode pour les spectateurs, désavantageux pour les acteurs, ce Théâtre, après avoir été la proie des flammes, devait-il encore avoir le malheur de tomber entre les mains d'un architecte dépourvu d'entente de la scène? Quelques personnes s'étaient plaintes de n'y trouver que des loges découvertes. Pour leur être agréable, on n'y a plus construit que des loges fermées. On s'est fort peu inquiété si la voix des acteurs, engouffrée dans toutes ces cellules, et interceptée par toutes ces cloisons, arriverait altérée ou non à l'oreille des auditeurs. On a imaginé, pour couper le feu, c'est-à-dire pour parer à un événement assez rare, un très beau rideau de tôle; mais on a fort peu examiné si la maçonnerie établie sous la scène, pour le recevoir, nuirait ou non aux accens qui se font entendre journellement dans un théâtre, et si la voix varierait, selon qu'elle serait dirigée dessus ou à côté.

On reproche aux acteurs de l'Odéon de crier; mais ils y sont portés par les dimensions du vaisseau qu'ils ont à remplir. Souvent aussi ils paraissent crier, quoique parlant sans effort; quelquefois ils s'époumonent, et ils sont à peine entendus. Ces divers effets proviennent de la direction que prend la voix, qui devient forte ou faible, selon qu'elle se dirige sur le relief des combles, ou qu'elle pénètre dans la profondeur des loges; selon qu'elle est répercutée ou absorbée; de sorte qu'on ne peut lui donner aucune direction sûre et précise. Il s'ensuit que la salle est favorable aux acteurs qui ne craignent pas de se livrer aux cris, et contraire à ceux qui cherchent moins à frapper fort que juste. Dans une enceinte de cette étendue, les éclats de voix, les gestes outrés des premiers s'adoucissent, tandis que le jeu mesuré et le débit naturel des seconds paraissent faibles et indécis.

Une autre faute, c'est d'avoir donné au plancher de la scène une pente trop forte : elle empêche l'acteur de se poser et de marcher, et nuit aux effets de la perspective. Mais un inconvénient peut-être plus grand, et qui s'opposera constamment à la prospérité de l'Odéon, c'est son éloignement. Il est, pour ainsi dire, hors de Paris; et un second Théâtre-Français devait être dans Paris. Ce sont les étrangers qui alimentent les spectacles; ils n'habitent qu'en petit nombre le faubourg S¹-Germain. A l'exception des étudians en droit et en médecine, les habitans du quartier fréquentent peu l'Odéon; et les étudians eux-mêmes se rendent de préférence aux spectacles des autres quartiers, où les attirent plus de sujets de divertissements.

Si l'on a voulu établir une véritable concurrence entre les deux théâtres, il fallait leur donner les mêmes avantages de localité. L'emplacement de la salle Favard, ses dimensions, tout appelait le Second-Théâtre dans son enceinte. Les gens du monde, soit prévention, soit toute autre cause, ne vont pas au théâtre du faubourg S¹-Germain; et, en fait de théâtre, les gens du monde sont meilleurs juges que les savans. C'est du goût, c'est un tact fin et délicat, acquis par l'usage de la société, qu'il faut posséder pour juger en matière de beaux-arts.

Le faubourg S¹-Germain a besoin d'un théâtre, me dira-t-on ; mais est-ce une raison pour lui sacrifier l'intérêt de la Scène Française? Pourquoi ne pas y replacer les Bouffes? Le chant redouterait moins que la déclamation, l'étendue de la salle. Les Bouffes sont d'ailleurs suivis par les personnes à équipage, qui ne regardent point aux distances. Pourquoi même, s'il est nécessaire, ne pas leur adjoindre, comme par le passé, la troupe de M. Picard? Ce serait un moyen d'en débarrasser le Second-Théâtre. Qu'ont de commun les pièces de son répertoire avec nos chefs-d'œuvre dramatiques? Il importe d'en bannir au plus vite des acteurs qui, habitués à jouer *le genre,* sont dans l'impossibilité de se défaire de leur manière et de donner aux grands ouvrages la couleur et la dignité qu'ils réclament.

Il semble qu'on ait eu peur de créer un Second-Théâtre. Tout en paraissant seconder le vœu du gouvernement, ses agens ont tout fait pour qu'il ne fût pas rempli. Le gouvernement lui-même ne l'a pas voulu d'une manière ferme et décidée ; il le tolère plus qu'il ne le protége. Ne doit-on pas être surpris, en lisant l'Ordonnance relative à son institution, d'y trouver ces mots : *Le second Théâtre-Français sera gouverné par des comédiens, à leurs risques et périls?* Ainsi, un théâtre de cette importance est abandonné à la merci de quelques comédiens! Ces comédiens, qui ne devraient avoir à s'occuper que de leur état, dont l'existence devrait être à l'abri de toute inquiétude, soutiendront le poids de cet établissement, *à leurs risques et périls!* Les danseurs et les chanteurs de l'Opéra sont-ils chargés d'administrer aussi ce théâtre, pour leur propre compte ? Non, parce que l'Autorité veut qu'il existe et qu'il prospère. Aussi prospère-t-il, malgré toutes les difficultés, tous les embarras d'une administration bien autrement compliquée.

Je crois donc que, lorsque le gouvernement le voudra, la Scène Française fleurira : elle n'a besoin, pour reprendre son éclat, que d'une main fermement disposée à la soutenir, à en extirper des abus faciles à détruire, et qui ne s'y sont introduits que par l'abandon dans lequel on la laisse languir. Les réformes que je propose à Votre Excellence sont appuyées sur des faits. Elles sont désirées par tous les auteurs dramatiques, comme par tous les acteurs éclairés et de bonne foi. Votre Excellence les appréciera, et ne se bornera pas à en reconnaître la nécessité ; elle voudra les mettre à exécution. Il est digne du guerrier dont le nom se rattache à nos plus glorieux faits d'armes, d'être le régénérateur d'un art si intimement lié à la gloire nationale.

REQUÊTE

AU CONSEIL D'ÉTAT

CONTRE

M. LE BARON DE SAINT-CHAMANS,

PRÉFET DE LA HAUTE-GARONNE.

1825.

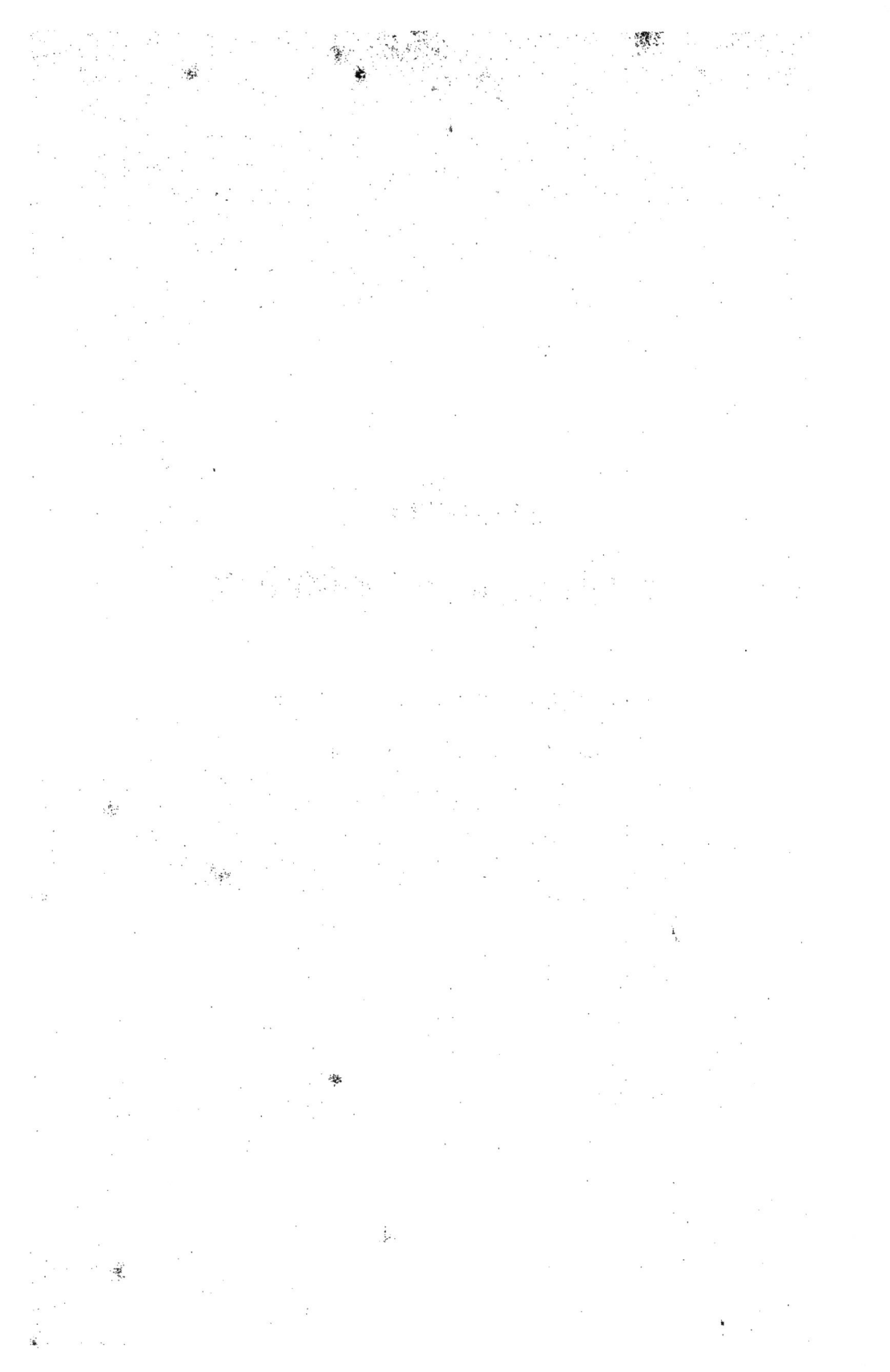

Avec quelque légèreté qu'on ait toujours traité, en France,
les intérêts et les droits des hommes voués à la profession de
l'art théâtral, il est, je crois, peu d'exemples d'un abus de
pouvoir qui s'en soit joué plus arbitrairement que celui qui
m'a frappé, en 1822, sous le ministère Villèle, dans la ville
même qui a vu naître M. le Président du Conseil.

Sous l'ancien régime, un comédien était placé hors du
droit commun * et devait conséquemment se voir fermer
l'entrée de la plupart des carrières ouvertes aux autres citoyens; mais je ne sache pas que cet ilotisme ait été poussé
jusqu'à lui interdire l'exercice de son propre état. Il était
aussi, par suite de cette position exceptionnelle, condamné à

* Cette proscription existait encore de fait, sous la Restauration ; car, contrairement à la charte, on avait posé en principe que l'avancement d'un garde national, qui était *comédien*, ne pouvait aller au-delà du grade de sous-officier ; et
ce principe a toujours été strictement observé.

5.

des peines sévères, lorsqu'il se rendait coupable de quelque méfait, d'un acte d'indiscipline ou d'irrévérence envers ses seigneurs et maîtres; mais je ne crois pas qu'il lui soit jamais arrivé d'être poursuivi pour ses opinions, et puni de sa manière de penser.

C'est une omission qu'il était réservé de réparer à notre régime de *progrès*. Ce perfectionnement de bon plaisir dû à M. le baron de Saint-Chamans, préfet de la Haute-Garonne, et la sanction plus inouie encore que lui a donnée, par ordonnance royale, M. le comte de Peyronnet, ministre de la justice, méritent d'être consignés à la fois dans les fastes des coulisses, et dans ceux de notre gouvernement constitutionnel.

En signalant au Conseil d'Etat l'abus d'autorité de M. le Préfet, je ne me flattais certainement pas d'en obtenir réparation; mais il me paraissait utile, dans l'intérêt public, de protester contre un acte de cette nature. Il était bon de faire constater par M. le Garde des Sceaux lui-même, que le citoyen, lésé dans ses droits les plus sacrés par les délégués du Pouvoir, réclame vainement aujourd'hui de l'autorité supérieure la protection qu'elle lui doit.

Je pensais que si ma plainte restait sans effet, elle ne pourrait pas du moins m'être nuisible; et que, si elle blessait le Pouvoir, il croirait m'en châtier assez en la repoussant. Je me trompais. C'est peu d'avoir éprouvé, sans dédommagement, un tort considérable; on me punit de m'en être plaint! On y a vu une manifestation d'opinion coupable; et cette opposition aux principes d'une administration arbitraire me ferme non-seulement l'entrée du Théâtre-Français; elle est encore la source de l'ajournement indéfini auquel vient d'être condamné mon début dans la carrière dramatique. J'aurais eu de la peine à me le persuader, si l'Autorité elle-même n'avait eu la franchise de me l'avouer.

Las des chicanes que la censure opposait, depuis trois mois, à la représentation de mes *Scandinaves*, malgré toutes les mutilations que je m'étais résigné à leur faire subir, j'ai voulu

enfin connaître la cause de ces entraves*. M. Lourdoueix, Chef
des censeurs et Directeur des beaux-arts, vient de me l'apprendre : je suis libéral !

Voici la requête qui a provoqué le courroux du Pouvoir, et
qui m'a attiré cette disgrâce :

SIRE,

Je me vois, à regret, obligé de recourir à l'autorité suprême
de VOTRE MAJESTÉ en son Conseil d'Etat, pour obtenir justice
d'un magistrat, dont je respecte le rang et le caractère, mais
qui, dans la position où je me suis trouvé vis-à-vis de lui, ne
me paraît pas avoir connu le devoir que ses fonctions lui impo-
sent, et rempli l'obligation qu'elles lui prescrivent, de protéger les droits de toutes les classes de citoyens.

A la demande de plusieurs habitans de Toulouse, où la
saine littérature conserve encore de nombreux appréciateurs,
j'avais contracté avec le Directeur privilégié du théâtre de
cette ville l'engagement d'y donner, au mois de septembre

* L'Autorité ne pouvait pas lui pardonner l'énergie avec laquelle il avait prononcé, dans les *Vêpres Siciliennes*, malgré l'intimation de *glisser dessus*, ces
deux vers qui ont fait retentir la salle de l'Odéon, pendant près de cent représentations, de si vifs et de si nombreux applaudissemens :
    D'où vient que son ministre, avec impunité,
    Ose porter les mains sur notre liberté ?
Les Scandinaves ont néanmoins fini par obtenir la permission d'être joués,
au second Théâtre-Français, le 4 février 1824. Malgré les inconvéniens du sujet,
malgré les dispositions peu favorables du Pouvoir, et les tentatives d'une cabale
occulte qui poursuivait ce malheureux théâtre, ils n'en ont pas moins eu un
certain nombre de représentations très-suivies. L'apparition de cette tragédie,
dans laquelle non-seulement l'auteur remplissait le principal rôle, mais où il in-
troduisait encore un peuple entièrement neuf sur la scène, et jusqu'alors très-
peu connu en France, avait attiré une telle affluence de spectateurs, que
les hommes seuls purent pénétrer dans la salle. L'auteur, par les observations
historiques qui ont accompagné la publication de sa pièce, a achevé de faire voir
quelle mine précieuse les arts et les lettres ont à exploiter dans les annales d'un
peuple dont les mœurs, la religion et les usages présentent un caractère aussi
neuf et aussi poétique. Montesquieu dit que la Scandinavie *a été la ressource
de la liberté de l'Europe*, parce que c'est là que se sont formées ces nations
vaillantes, sorties de leur pays *pour détruire les tyrans et les esclaves*. Ces im-
pitoyables destructeurs des couvens et des institutions féodales du moyen-âge ne
pouvaient être en odeur de sainteté auprès de nos inquisiteurs dramatiques.

dernier, quelques représentations de nos chefs-d'œuvre tragiques. Je venais de m'y rendre, à cet effet, lorsque j'appris que, sans avoir égard à cette convention qui suffisait d'être passée entre nous pour être licite et exécutoire, M. le Préfet, dont nous n'avions demandé l'agrément que par pur procédé, jugeait à propos d'interdire mes représentations, jusqu'à ce qu'un ordre supérieur en eût décidé autrement.

Quelques jours avant mon arrivée, le Directeur avoit reçu de M. le Maire une lettre qui se terminait ainsi : « Quant à » la demande que vous avez faite d'être autorisé à faire venir » à Toulouse M. Victor, acteur tragique du second Théâtre- » Français, M. le Préfet me marque qu'il a écrit à S. E. le » Ministre de l'Intérieur, *pour avoir des renseignemens sur cet* » *acteur*. Il ne sera statué sur votre demande, que lorsqu'on » aura reçu la réponse de son Excellence.

» Signé *Baron de Bellegarde*, Maire de Toulouse. »

L'époque à laquelle ces renseignemens avaient été demandés permettant de les avoir ∙ eç ıs, je priai, à plusieurs reprises, M. le Maire et M. le Préfet de me les faire connaître. Je ne doutais point qu'ils ne me fussent favorables; car je ne voyais aucun motif qui pût m'être équitablement opposé pour interdire à un artiste paisible la profession de son art, et à un Directeur privilégié l'exercice de son industrie. Mes instances furent vaines.

Présumant, avec le Directeur, que les difficultés étranges qui nous empêchaient de remplir nos engagemens l'un envers l'autre, ne pouvaient tenir qu'aux pièces qu'on craignait de voir représenter, je fis part à M. le Maire de mon intention de me soumettre au choix de celles que les localités et les circonstances permettraient de donner. Ce magistrat me répondit : « que M. le Préfet avait arrêté que la *tragédie* ne pouvait » être jouée à Toulouse, vu que le Directeur du spectacle n'a- » vait formé et annoncé, pour l'année courante, qu'une troupe » d'*opéra*, de *vaudeville* et de *variétés*. »

Vainement j'ai fait observer à M. le Préfet que l'annonce

d'une troupe d'opéra ne pouvait interdire au Directeur le droit de faire jouir le public d'un genre de spectacle de plus ; qu'on pouvait bien exiger de lui qu'il ne fît pas moins qu'il n'avait promis ; mais qu'on ne pouvait que se féliciter de le voir faire plus, et que rien ne s'opposait raisonnablement à ce qu'il représentât, sur le théâtre de Toulouse, des ouvrages joués avec l'approbation du gouvernement, sur les Théâtres Royaux de la Capitale, et sous les yeux même de Votre Majesté. Déçu dans mon attente, il m'a fallu enfin prendre le parti de quitter cette ville, et de renoncer à tous les avantages que me promettaient mes représentations.

J'ose espérer, Sire, que votre Conseil d'Etat reconnaîtra : combien est abusive une interdiction qui frappe, en moi, toute une classe d'artistes ; qu'en consentant à retrancher de mon répertoire jusqu'aux pièces que la censure permet de donner sur la Scène Française et qui auraient pu présenter, à Toulouse, des allusions défavorables aux fonctionnaires de cette ville, j'ai poussé le sacrifice aussi loin qu'il m'était possible ; qu'en admettant même qu'il restât dans les pièces que je pouvais jouer, des applications faites pour troubler l'ordre, elles ne justifiaient point encore une mesure aussi illégale, puisque l'Autorité a en main tous les moyens nécessaires pour le maintenir ; qu'enfin, si le genre de spectacle établi pour l'année était le motif réel de la défense de M. le Préfet, si, plutôt, ce n'était pas la crainte que semble inspirer aujourd'hui la Tragédie par son influence politique sur les esprits, M. le Préfet se trouverait évidemment en contradiction avec lui-même ; car, sur ce même théâtre, qu'il prétend exclusivement consacré au genre lyrique, il a autorisé, il y a peu de temps, les représentations d'un faiseur de tours.

Ecarté des deux Théâtres-Français par un système d'administration qui ne fait que trop pressentir que les ouvrages de haute littérature y tomberont, avant peu, dans la même défaveur que sur la plupart des théâtres de province, je prévois qu'il me sera bien difficile d'y reparaître, et je me vois dans la nécessité de solliciter une garantie qui me permette au moins de poursuivre librement l'exercice de mon état, dans le petit nombre de villes qui offrent encore quelques ressources à l'acteur tragique.

D'un autre côté, le refus de M. le Préfet de la Haute-Garonne m'a occasioné un préjudice grave. En m'entravant d'une manière aussi imprévue dans ma profession, il m'a non-seulement enlevé le fruit de mes représentations, il a encore contribué par son silence, par l'incertitude dans la quelle il m'a tenu, à prolonger mon séjour dans son département, à augmenter mes frais de voyage, et à me faire perdre un temps que j'aurais pu employer utilement ailleurs.

Je viens donc supplier VOTRE MAJESTÉ de trouver bon, que l'autorisation nécessaire me soit accordée pour faire juger par les Tribunaux, si M. le baron de Saint-Chamans, préfet du département de la Haute-Garonne, chargé en cette qualité de la surveillance du théâtre de Toulouse, n'a pas outrepassé, dans cette circonstance, les bornes des attributions qui lui sont confiées; et si, dans ce cas, je ne suis pas fondé à réclamer des dédommagemens proportionnés à l'atteinte qu'il a portée à mes droits, et au tort qu'il a causé à mes intérêts.

Paris, le 10 janvier 1823.

Voici l'arrêt rendu par le Conseil d'Etat, dans sa séance du 6 février. C'est sur des lois promulguées, sous le règne de la liberté, et dans l'intérêt des théâtres; c'est en considérant que les théâtres sont placés sous la surveillance et la protection des Préfets, que cet arrêt sanctionne l'acte arbitraire de M. de Saint-Chamans !

« *Louis*, par la grâce de Dieu, etc. Sur le rapport de notre » comité du contentieux;

» Vu la requête, à nous présentée par le sieur P. Victor, ex-» pensionnaire du Théâtre-Français, enregistrée au secréta-» riat de notre Conseil d'Etat, le 15 janvier 1823, tendant à » obtenir l'autorisation de poursuivre devant les Tribunaux le

» sieur baron de Saint-Chamans, préfet du département de la
» Haute-Garonne, en paiement d'indemnités, dommages et in-
» térêts, pour réparation du tort que lui aurait causé le refus
» dudit sieur baron de Saint-Chamans de lui laisser donner,
» sur le théâtre de Toulouse, quelques représentations de
» tragédie;

» *Vu* la loi du 9 juin 1790, qui confirme les anciennes ordon-
» nances sur la police des spectacles; *vu* le décret du 1er sep-
» tembre 1793; *vu* le décret du 8 juin 1806 ;

» *Considérant* que la police des Théâtres appartient aux
» Maires, sous la surveillance des Préfets;

» Notre Conseil d'Etat entendu, nous avons ordonné et or-
» donnons ce qui suit :

» Art. 1. La requête du sieur P. Victor est rejetée.

» Art. 2. Notre Garde des Sceaux, Ministre secrétaire d'Etat
» au département de la justice, et notre Ministre secrétaire
» d'Etat au département de l'intérieur, sont chargés, chacun
» en ce qui le concerne, de l'exécution de la présente or-
» donnance.

» Approuvé, le 12 février 1823.

» Signé *Louis.*

» Par le Roi : le Garde des Sceaux, Ministre de la justice,

» Signé *Comte de Peyronnet.* »

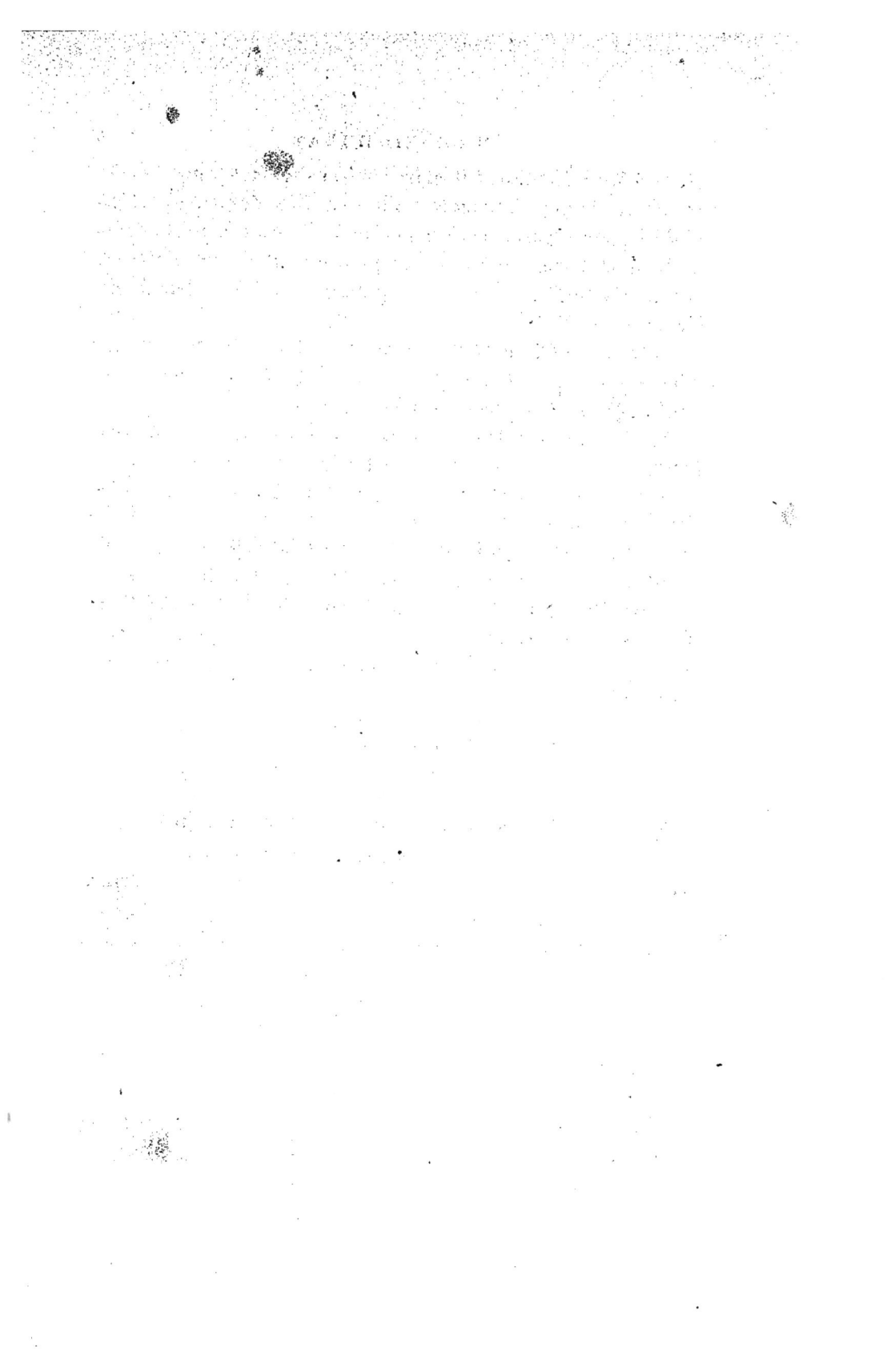

MÉMOIRE

CONTRE

M. LE BARON TAYLOR,

COMMISSAIRE ROYAL

PRÈS LE THÉATRE-FRANÇAIS.

1827.

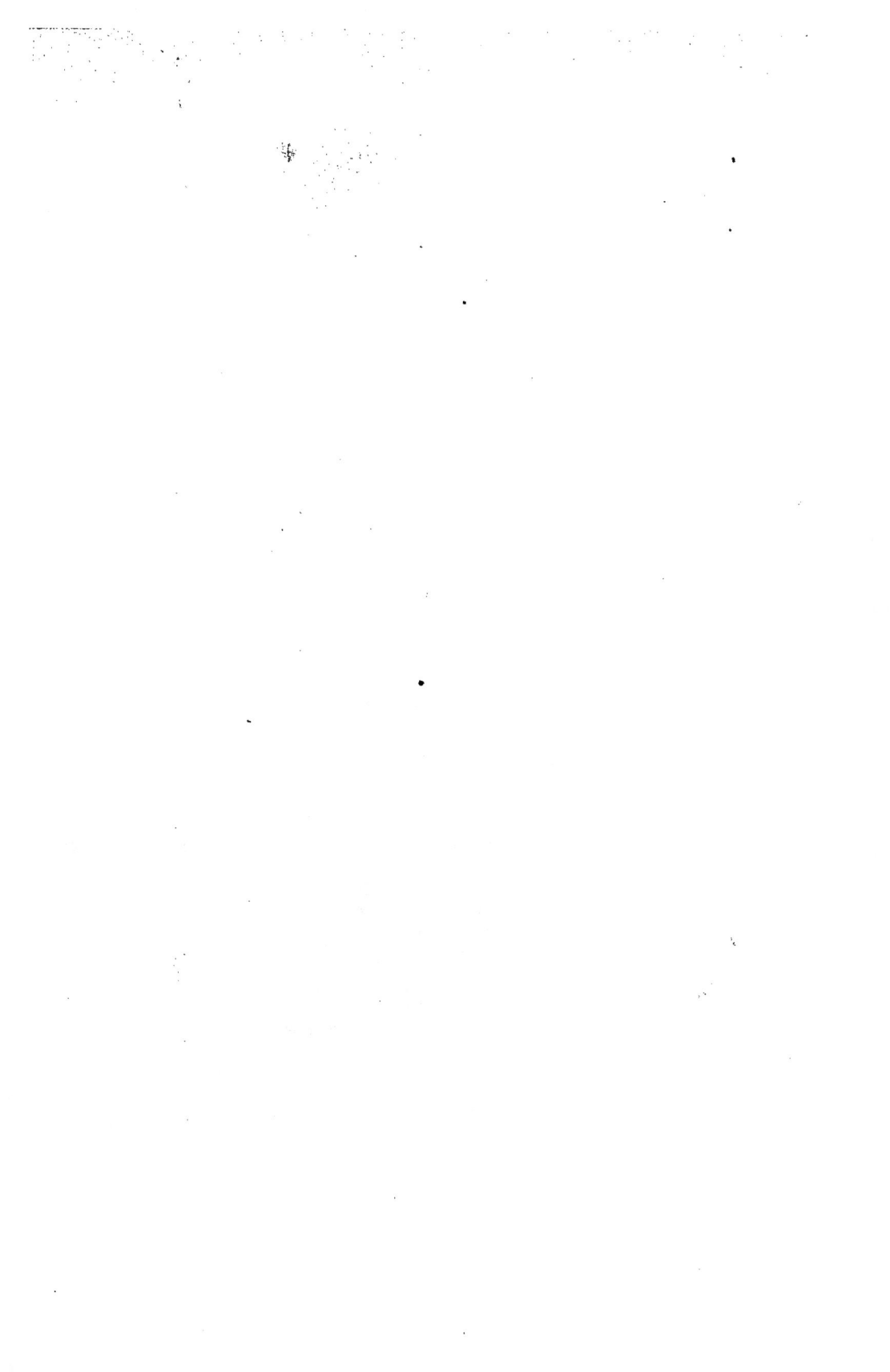

Je me serais abstenu de publier ce mémoire, * s'il ne devait
entretenir le lecteur que de mes intérêts particuliers ; mais
ma cause se rattache à des considérations plus importantes. Je
signale des abus funestes à l'art théâtral ; je dévoile les trames
jésuitiques d'un Pouvoir qui, sous des dehors protecteurs,
entraîne le premier théâtre de la nation vers sa ruine. J'ai

* Un seul journal rendit compte de cet écrit, lorsqu'il parut. Voici ce qu'il en
disait : — « Attendu depuis long-temps, ce mémoire a été enfin publié, ces jours
» derniers ; il est en vente, et chacun peut en prendre connaissance. A la mort
» de Talma, Victor osa s'essayer dans les rôles de son emploi, périlleux par une
» comparaison trop récente. Il triompha des difficultés que le souvenir de ce
» grand acteur lui opposait ; le public l'avait adopté ; l'intérêt de la Comédie et
» son talent lui assuraient une place au Théâtre-Français. Tout-à-coup il dis-
» paraît de la Scène ; et aucun journal ne parle plus de lui ; aucun n'apprend au
» public qu'il est la victime des caprices de M. le baron Taylor. Nous savons que
» celui-ci se vante assez publiquement d'empêcher les journaux de parler de son
» administration... Le mémoire de Victor est un éloquent plaidoyer en faveur des
» auteurs et des acteurs. Toujours appuyé sur des faits, il montre jusqu'à l'évi-
» dence combien la direction de M. Taylor a été funeste au Théâtre. En plaidant
» sa cause, il plaide celle de tous, et même celle de notre gloire littéraire. »

L'Incorruptible.

pensé que cette publication pouvait être utile. Je me fais un devoir de parler, dût le service que je rendrai à la cause commune la favoriser à mon détriment.

On verra, dans les faits qui me sont personnels, un exemple de l'arbitraire et de l'absolutisme auxquels on prétend assujettir les interprètes de Corneille et de Voltaire. Les développemens relatifs aux intérêts généraux du théâtre donneront une idée des machinations secrètes tentées, depuis quelques années, pour détruire l'influence et arrêter les progrès de notre littérature dramatique.

En me défendant moi-même, je m'impose une tâche délicate. On ne parle pas de soi librement. Mais l'avocat le plus habile est moins versé qu'un comédien dans des discussions théâtrales. On ne trouvera point ici de questions de droit, de dissertations judiciaires. Les articles du Code et les formules du barreau font place aux us et coutumes de la scène, aux principes législatifs des coulisses. Si mes discours manquent d'éloquence, ils donneront du moins une connaissance exacte des choses. Je n'y apporte que la prétention d'être vrai, assuré que les faits seront assez puissans pour plaider eux-mêmes en ma faveur.

Persuadés, autrefois, que le public achetait à la porte le droit de s'immiscer dans leur gestion, chaque année, les Directeurs de spectacles soumettaient humblement la composition de leur troupe et le résultat de leurs travaux à la Cour souveraine du parterre. Ils suivaient ses arrêts dans le choix des pièces et des acteurs. La Comédie Française elle-même ne dédaignait point, alors, de lui donner ces témoignages de respect. Elle s'est, aujourd'hui, affranchie de ce soin. Ses nouveaux maîtres trouveraient bien hardi, que le parterre osât leur intimer l'ordre de se conformer à son opinion, et de satisfaire à ses désirs.

Agent coupable d'un parti occulte, l'homme appelé par ses fonctions à réprimer les abus, à rappeler aux comédiens leurs devoirs, à les soumettre aux intérêts de l'art et à ceux du public, n'use de sa puissance que pour les asservir à ses propres lois, pour les corrompre et pour les perdre.

Quelle que soit la légalité de mes accusations, j'ignore si les Tribunaux les admettront, et ne se déclareront pas incompétens. Je me suis soumis au joug administratif ; je dois m'attendre à en subir les inconvéniens. L'accès des Tribunaux est ouvert aux acteurs des théâtres régis par des directions particulières ; il est ordinairement interdit à ceux des Théâtres Royaux administrés par le gouvernement. Singulière compensation, qui laisse à ces derniers moins de droits, parcequ'ils ont plus de priviléges! Mais avant d'être Comédien du Roi, ne suis-je pas citoyen? Avant d'être assujetti aux règlemens de la Comédie, ne le suis-je pas aux lois de l'Etat? En me bannissant du Théâtre-Français, on entrave mon industrie. Pourquoi les contrats passés avec moi n'auraient-ils pas la même force que tous ceux en usage, dans les autres relations commerciales?

Jusqu'à ce que ma cause soit appelée devant qui il appartient, c'est au tribunal du public que je m'adresse. J'accuse devant lui M. Taylor, commissaire royal près le Théâtre-Français, d'avoir manqué à ses engagemens, en me faisant compter, après plusieurs traités provisoires, sur une admission définitive à laquelle il a apporté toute espèce d'entraves. Je l'accuse de m'avoir retenu arbitrairement une partie de mes appointemens, et de s'être soustrait à l'obligation que lui imposaient les règlemens, de me prévenir de mon renvoi, au moins six mois d'avance.

Je l'accuse de préparer, par son système d'administration, la ruine de la *Tragédie*; de m'ôter ainsi toutes mes ressources, en détruisant un genre auquel j'ai consacré toutes mes études; d'avoir enfin tout mis en œuvre pour éteindre mon émulation, arrêter mes progrès et me faire perdre mon état.

En vain M. Taylor objecte qu'il n'est pas le maître. C'est avec lui que j'ai traité ; il est le président du Comité, le représentant de l'Autorité. Je réclame donc de lui ma réhabi-

litation dans mes droits, ma réception définitive, fondée sur
ses promesses verbales et écrites, et sur les trois années que
j'ai passées à l'essai, conformément au terme prescrit par les
Ordonnances Royales. Je réclame le paiement des fonds dont
il m'a spolié, et celui des dommages-intérêts qu'il me doit
pour tous les préjudices qu'il m'a causés.

Je demande qu'il soit examiné, si les acteurs admis au premier théâtre de la France peuvent être assimilés à ceux des
théâtres secondaires, et en être éconduits, sans éprouver une
sorte de dégradation ; si, en vertu des lois et des usages de la
Comédie, du moment où j'ai satisfait aux conditions requises,
on n'est pas tenu de me faire participer aux avantages accou-
tumés ?

Quels reproches a-t-on à m'opposer ? Le public a-t-il cessé
de m'accueillir avec faveur ? N'ai-je pas subi tous les essais,
rempli toutes les épreuves qu'il était possible d'exiger de moi ?
Après mes succès en province et à l'Etranger, après ceux
que j'avais obtenus au Second-Théâtre, je devais espérer
pouvoir désormais me fixer sans peine au Premier. Le souvenir d'anciens débats s'était effacé de l'esprit de la plupart
des comédiens. Comment un homme dont le zèle et la conduite
ne se sont jamais démentis, qui n'a élevé la voix que pour soutenir ses droits et la dignité de son état, éprouve-t-il tant de
difficultés à s'attacher à un théâtre auquel il ne demande que
l'avantage de lui consacrer ses services ! Par quelle fatalité
ne peut-il poursuivre, sans en être continuellement repoussé,
une carrière dont l'entrée lui a offert tant d'obstacles, à laquelle il a tout sacrifié, son repos, sa santé, sa position sociale et les affections de sa famille !

Depuis un an, j'attendais l'occasion de rentrer au Théâtre-Français. Un changement d'administration était annoncé. J'appris que M. Taylor, ex-régisseur du Panorama-dramatique, dessinateur attaché au *Voyage Pittoresque dans l'ancienne France*, et nommé Baron au sacre de Charles X, venait d'être chargé, en qualité de commissaire royal, de la *régénération* de la Scène Française.

Plusieurs motifs me portaient à croire que M. Taylor me serait favorable; et en effet je trouvai en lui un homme assez bien disposé. Nous convînmes qu'il proposerait au Comité de me recevoir, soit comme sociétaire, soit comme pensionnaire avec une garantie pour mon avenir. Quelques jours après, il m'annonça que tout ce qu'on pouvait m'offrir, pour le moment, c'était un premier engagement d'un an, avec sept mille francs d'appointemens, dont cinq seraient payés par la Comédie, et deux par l'Autorité.

J'acceptai, en attendant mieux. M. Taylor me faisant espérer que mon sort serait fixé à la fin de l'année théâtrale, je passai avec lui et avec le Comité, en qualité de *pensionnaire*, à dater du 1er septembre 1825, *un engagement provisoire de sept mois*.

Quelques jours avant de reparaître, je me vois avec surprise annoncé sur l'affiche comme *débutant*. Je présume que c'est une erreur; et je prie le secrétaire de la rectifier. Il me répond qu'il a reçu l'ordre de n'y rien changer. Cette qualification ne m'était pas donnée indifféremment. En me présentant comme un homme nouveau dans la carrière, M. Taylor annulait mes antécédens et mes droits; il me faisait tenir de lui mon état, et m'enchaînait davantage sous sa dépendance. On verra où tendait ce calcul, et à quel plan il se rattachait. Je lui déclarai que je ne commencerais mon service que lorsqu'on aurait fait

6

disparaître de l'affiche un titre contraire à mon acte d'admission. Voici ce qu'il me répondit :

« Je suis désolé, Monsieur, d'avoir contribué à votre en-
» gagement à la Comédie-Française. Il ne peut rien être chan-
» gé à ce qui a été statué ; et, dans le cas où cet arrangement
» ne pourrait vous convenir, je vous prie de me le faire savoir
» dans la journée. Si vous voulez me rapporter votre engage-
» ment, *je me charge de le faire dissoudre.* »

On voit que M. le Baron est tranchant et expéditif. Je lui fis respectueusement observer, que le refus de souscrire à une qualification qui ne m'appartenait pas ne pouvait entraîner la résiliation de notre traité ; qu'au contraire je croyais être fondé à la repousser, parcequ'elle me présentait aux yeux du public, à qui rien ne disait que j'étais engagé, comme soumis à une nouvelle épreuve pour être admis ; parceque, si je souscrivais à cette épreuve, et ne remplissais pas l'attente de l'Administration, on serait autorisé, par l'usage établi en pareil cas dans les entreprises théâtrales, à considérer mon engagement comme conditionnel et sans valeur.

M. le Baron me répondit gravement, que l'Autorité ne revenait point sur ses *arrêts.* Je vis que le parti le plus sage était de céder. Mais cette contestation inattendue, qui s'était prolongée plusieurs jours, m'avait affecté au point d'altérer ma voix et mes moyens, et de me mettre hors d'état de jouer.

Je m'étais soumis aux arrêts de M. Taylor ; mais ma résignation ne lui suffisait plus. J'avais osé lui résister : il me fallait en porter la peine. Accusé d'avoir fait manquer une représentation, je fus menacé d'être éconduit, si je refusais de payer *une amende de six cents francs !....* Le besoin d'éviter de nouveaux débats et de tout sacrifier à mon repos et à mes études me détermina à y consentir, mais à la condition que, si mon service le méritait, j'en serais dédommagé plus tard. M. Taylor me le promit ; il se montra sensible à ma docilité, et me témoigna même ses regrets d'être contraint à un exemple aussi rigoureux... Ma perte était jurée.

Dès ce moment, le parti fut pris d'écarter un homme qui s'était permis de heurter le pouvoir encore naissant de M. le Commissaire, et qui avait osé se soulever contre ses projets d'absolutisme. Plusieurs journaux l'avaient plaisanté ; la censure n'existait pas alors ; on l'avait renvoyé au dictionnaire, pour apprendre la signification du mot *début**. De là, une animosité qui ne s'est point éteinte, et qui a produit toutes les rigueurs, toutes les injustices dont je me trouve aujourd'hui victime.

Début, dit l'Académie, *s'entend particulièrement des premiers temps employés par les comédiens, pour essayer leurs talens sur un des théâtres de la Capitale.* La signification est précise. L'exemple de la Comédie aurait pu suffire ; jamais il ne lui était encore arrivé d'afficher, ni le début d'un pensionnaire, ni la rentrée d'un débutant.

Autorisé par la langue et par la raison, je l'étais encore par l'état de ma santé. Tout faisait donc un devoir à l'Administration de m'accorder, plus tard, une restitution qu'elle m'avait promise. Je la réclamai, au bout de six mois, auprès du Comité : il me répondit qu'elle dépendait de l'Autorité. Je la sollicitai, cinq mois après, de M. le Chargé des beaux-arts, comme une faveur, en dédommagement des dépenses que j'avais faites, pour seconder ses vues dans une réforme dispendieuse de costumes. M. le vicomte de Larochefoucauld m'écrivit, que c'était à regret qu'il ne pouvait satisfaire à ma demande ; mais que l'intérêt de la discipline avait déterminé le *Comité* à ne point y accéder.

Les règlemens de la Comédie Française prescrivent une amende de six cents francs, dans un cas qui ne pouvait m'être

---

* « Victor va reparaître à la Comédie-Française, comme débutant. Il lui en
» coûtera six cents francs d'amende, pour avoir soutenu, avec le dictionnaire de
» l'Académie, qu'un artiste qui a été long-temps pensionnaire du premier et du
» second Théâtre-Français, et qui rentre à ce dernier avec un engagement si-
» gné, n'en est plus à ses débuts. Mais il est de principe que l'Autorité ne saurait
» jamais avoir tort ; et déjà les journaux de la Trésorerie ont pris soin de le dé-
» montrer. Il paraît que M*** ne parle pas le même langage que l'Académie. Il
» ne connaît que la langue ministérielle, qui est pure et française, comme cha-
» cun sait. »　*Le Frondeur.*

6.

appliqué. Mon refus ne pouvait pas être considéré comme l'effet d'une mauvaise volonté. Il était le résultat d'une contestation qui m'autorisait à suspendre mon service, tant qu'elle n'était pas jugée par qui de droit. M. Taylor, lui seul, l'avait occasionée, en ne se conformant pas aux termes de nos conventions. Ce refus avait été notifié, trois jours d'avance, et ne pouvait porter ni embarras ni préjudice à l'Administration. Mais M. le Commissaire était bien aise d'essayer son pouvoir. Voilà le prélude des encouragemens qu'il prétend m'avoir prodigués!

Je n'en remplis pas mes devoirs avec moins d'exactitude et de dévouement, jouant, toutes les fois que j'en étais requis, les rôles les plus pénibles, acceptant les plus secondaires, quoique j'en fusse dispensé par une lettre annexée à mon engagement. Je ne consultais ni l'amour-propre, ni la fatigue; je me prêtais à tous les actes de complaisance qui pouvaient servir les intérêts du Théâtre. Comment ne pas espérer que j'en recueillerais le fruit, après avoir reçu de M. Taylor trente invitations de la nature de celles-ci : « Je prie M. Victor de » jouer, dimanche, Hamlet; *c'est fort important pour lui.* — Il » est fort important *pour mes projets à venir, dans votre inté-* » *rêt,* que vous sachiez, pour samedi, le rôle de Licinius. »

Depuis sept mois, M. le Commissaire avait eu le temps de m'éprouver. Je ne doutais plus qu'il ne m'accordât bientôt la réception sur laquelle il m'avait fait compter. Il me l'avait promise de vive voix; il m'en avait flatté par écrit. S'il nie ses paroles, il ne récusera peut-être pas sa signature.

« Ne voulez-vous pas (m'écrivait-il, lors de notre première » contestation), *un contrat pour vingt ans?* Cette garantie ne » sera-t-elle pas, un jour, la récompense de vos travaux? » Une autre fois : « Pensez à votre état, *à votre avenir,* à la gloire » qu'on peut acquérir au premier théâtre de l'Europe. *Votre* » *résolution va décider de votre existence entière comme artiste.* »

Il me tenait ce langage, pour obtenir les concessions que je lui ai faites; comme on le voit, il m'assurait mon état, à ce

prix. Ces mots constatent d'une manière formelle l'intention
de m'accorder, plus tard, l'objet de mes vœux, et fondent
évidemment les espérances que j'ai conçues; ils ont dans la
bouche d'un homme d'honneur la force d'engagemens sacrés,
sur l'accomplissement desquels j'ai dû me reposer, en satisfaisant de mon côté à toutes mes obligations.

Je les rappelai donc à M. Taylor. Il prétendit que ma réception ne dépendait pas de lui; que c'était au Comité de la
décider. Je m'adressai en conséquence au Comité. Trois jours
avant l'expiration de mon engagement, M. Lemazurier, secrétaire de la Comédie, me répondit la lettre suivante :

« Le Comité a reconnu, Monsieur, qu'il ne lui était pas
» possible de vous engager comme acteur pensionnaire, pour
» la prochaine année théâtrale de 1826 à 1827; à plus forte
» raison, ne peut-il proposer votre admission comme socié-
» taire. Sa réponse doit donc se borner, Monsieur, à vous
» assurer qu'il verrait avec plaisir que l'autorité supérieure
» jugeât convenable, ainsi qu'elle y paraît disposée, de vous
» engager à la Comédie Française. »

Cette réponse me confondit. J'ignorais jusqu'où pouvait
aller l'astuce de M. le Commissaire; je ne connaissais qu'impar-
faitement sa marche oblique et ses procédés tortueux. Je ne
pouvais m'imaginer que la Comédie, qui s'était toujours con-
formée à l'usage de prévenir, un certain temps d'avance, les
sujets renvoyés, me congédiât d'elle-même aussi brusquement.
Je ne tardai pas à me convaincre que cette lettre émanait de
M. Taylor, qui, pour m'assujettir plus sûrement à son pouvoir,
préférait se charger de tous les frais de mon engagement. En
effet, il m'offrit de le continuer pour le reste de l'année, conformément aux flatteuses dispositions manifestées, à la fin de
la lettre du Comité. Il m'invita de nouveau à m'abandonner
à lui, me disant qu'il s'occupait d'un grand travail, qui lui
permettrait bientôt de remplir mes vœux. Dans l'espoir de
vaincre, par ma persévérance, les nouvelles difficultés que je
prévoyais, je m'armai de patience, et je consentis, avec lui

seul, le 20 mars 1826, *un second engagement provisoire de cinq mois.*

Conclu personnellement avec M. le Commissaire, sans participation du Comité, et dans les formes les plus irrégulières, cet engagement mérite d'être connu. Il m'oblige à remplir les premiers rôles et tous ceux qui me seront distribués, *sans pouvoir faire aucune réclamation!..* il m'oblige à me conformer, toujours sans réclamation, à tous les réglemens *faits et à faire!*

Défendre à un homme d'ouvrir la bouche, et l'assujettir à des lois à faire, est une idée assez curieuse, qui ne pouvait appartenir qu'à M. Taylor. Cependant, par une contradiction que je veux bien attribuer à un retour de sa conscience vers la raison et l'équité, « Toutes les contestations qui pourraient s'élever » sur le présent engagement (ajoute-t-il), seront jugées, en » dernier ressort, par le Conseil judiciaire de la Comédie. »

On m'objectera peut-être, d'après cette clause, que le droit de recourir à d'autres juges m'est interdit; mais il est à observer qu'elle ne concerne que cet engagement-ci, et que mes réclamations s'étendent à plusieurs autres. Comment, d'ailleurs, pourrais-je être astreint à une condition qui n'est point prescrite par les règlemens, et qui tient à un acte inusité, en opposition manifeste avec eux?

Ce traité arbitraire et incohérent se termine par une clause plus significative et plus importante : *Les parties s'engagent,* y est-il dit, *à supporter toutes les charges et obligations des Ordonnances et règlemens du Théâtre.*

Or, une de ces Ordonnances, datée du 1er juillet 1766, s'exprime ainsi : « Tout acteur qui aura débuté avec succès sera, » à l'avenir, un an à l'essai. *Si, pendant cette année, ses dispo-* » *sitions ne se sont pas démenties, il sera pour lors admis dans* » *la Société...* S'il est renvoyé *comme inutile,* il ne pourra l'être » que sur *l'avis motivé* de chaque Sociétaire. »

Cette Ordonnance n'a pas été abrogée. Elle n'a été que modifiée. Celle qui est aujourd'hui en vigueur dit : *Les Déclara-*

tions, Arrêts et Ordonnances des Rois nos prédécesseurs, relativement au Théâtre-Français, sont maintenus en tout ce qui ne sera pas contraire aux présentes.

La nouvelle Ordonnance conserve donc l'esprit et les intentions de l'ancienne. Il s'y trouve cette seule différence, qu'elle prescrit trois années d'essai, au lieu d'une. Or, je les ai faites. Si elle ne spécifie pas, comme la première, le cas où l'acteur à l'essai sera renvoyé, conçue dans l'intérêt de l'art et du Théâtre, elle n'en indique pas moins clairement qu'il ne pourra l'être, qu'autant que ses dispositions se seront *démenties*, et qu'il sera reconnu *inutile*.

Le Théâtre-Français, tant par son rang que par son organisation, fait exception à tous les autres. Il est le terme de l'ambition des comédiens ; une fois qu'ils y ont atteint, ils ne peuvent plus passer sur une autre scène, sans rétrograder. Il y règne des usages qui ont force de loi, et qui suffiraient pour fixer mes droits, quand bien même les Ordonnances qui le régissent ne s'expliqueraient pas d'une manière aussi positive.

Il est dit, art. 1155 et 1156 du Code civil : « Les conven- » tions obligent non-seulement à ce qui est exprimé, mais en- » core à toutes les suites que *l'équité, l'usage ou la loi* donnent » à l'obligation d'après sa nature. — On doit, dans les conven- » tions, rechercher quelle a été la commune intention des par- » ties contractantes, plutôt que de s'arrêter au sens littéral des » termes. »

Or, il a été convenu que je serais admis à une réception définitive. C'est évidemment dans ce but que nous avons traité. *L'usage, l'équité, les règlemens de la Comédie, la loi elle-même,* me donnent donc des titres incontestables à cette réception.

Je venais d'accomplir une année d'essai. Les comédiens rendaient justice à mon zèle. M. le Commissaire lui-même me complimentait sur mes progrès, me remerciait de mes services, de vive voix et par écrit, en me promettant de les reconnaître. Mais j'avais, disait-il, une mauvaise tête ; je ne savais pas patienter ; et il détournait, pendant ce temps-là, plusieurs auteurs de tragédies nouvelles de me donner des rôles dans leurs pièces, en leur disant que je ne serais plus au Théâtre quand elles seraient représentées.

Quoique je dusse avoir appris à connaître M. Taylor, j'avais de la peine à croire à autant de fausseté. Je me rappelai ce qui s'était passé entre nous, quelques mois auparavant. Une répétition avait été retardée, de plus d'une heure. Je voulus m'en absenter, jouant le soir un rôle pénible : j'y étais autorisé par l'usage. M. Taylor me retint. Je restai, mais en lui disant que c'était traiter des artistes en *esclaves*; jamais il ne m'a pardonné ce mot.

Après beaucoup de pourparlers, et à la sollicitation de plusieurs amis communs, il consentit à m'accorder, comme une grande faveur, *un troisième engagement de huit mois*, toujours sans garantie pour l'avenir, sans augmentation de traitement pour le présent. Je le priai de m'accorder au moins, pour m'indemniser de mes sacrifices, la permission d'aller donner quelques représentations en province. Il me répondit que si je quittais ma place, je la perdrais.

Il faut tout dire : mon absence l'aurait alors très-embarrassé. J'étais employé dans la plupart des tragédies. J'en avais eu beaucoup à apprendre ou à remettre. Si, dans les nouvelles, je n'ai pu tirer un meilleur parti des rôles ingrats ou peu importans auxquels j'ai été condamné, * du moins, en m'en chargeant, j'avais fait preuve de dévouement. J'aurais pu me prévaloir de mon utilité; je ne l'ai pas fait : c'est là mon tort. En insistant, j'aurais obtenu, alors, tout ce qui m'est refusé aujourd'hui. J'eus la bonne foi de croire que M. le Commissaire apprécierait ma conduite et me tiendrait compte de mes déférences. Il en a profité pour gagner du temps, et faire des acquisi-

* Malgré ces efforts pour l'effacer de la Scène, les habitués du premier et du second Théâtre-Français n'ont point perdu le souvenir du succès avec lequel Victor jouait les rôles si difficiles et si opposés d'*Oreste*, *Tancrède*, *OEdipe*, *Hamlet*, *Orosmane*, *Lorédan*, *Mérovée*, *Achille*, *Othello*, *Ladislas*, *Manlius*, *Farhan*, *Germanicus*, etc.

tions qui lui permettent actuellement de se passer de moi.

Un événement funeste vint affliger tous les amateurs du Théâtre : Talma mourut. Sa perte semblait devoir fixer mon sort. Jamais chef d'emploi n'avait quitté la Comédie-Française, sans qu'il en résultât de l'avancement pour ses *doubles*. De son vivant, on m'avait objecté qu'il était encore dans sa force, et que mes services n'étaient pas aussi nécessaires que si l'on était menacé de le perdre. Il meurt; on me répond que, s'il vivait, il faudrait des sujets pour le seconder, et que je serais beaucoup plus utile. M. Michelot me dit que la tragédie était morte avec lui; que le public n'en voulait plus, et que, bientôt, on cesserait tout-à-fait de la jouer.

En effet, depuis cette époque, rien n'a été négligé pour la perdre. Le choix des pièces, la manière dont on les a montées, tout a été calculé avec soin, pour en dégoûter le public. Qu'on interroge tous les artistes capables de la soutenir, on saura tout ce qu'on a tenté pour blesser leur amour-propre, pour nuire à leur réputation et entraver leurs succès.

La mort de Talma faisait rentrer dans la caisse de l'Administration une subvention de trente mille francs. La première pensée d'un homme sincèrement disposé en faveur de la tragédie, eût été de comprendre parmi les acteurs entre lesquels on devait la répartir, ceux qui se consacraient aux mêmes rôles. Rien de plus juste que d'y avoir fait participer les sujets les plus recommandables par la maturité de leur talent et par l'ancienneté de leurs services, valets, jeunes-premiers et ingénues. Mais ne le pouvait-on, sans en exclure les acteurs tragiques? M. le Commissaire jugea plus utile de distribuer ses largesses à ceux des Sociétaires qu'il avait besoin de s'attacher, et qui, par leurs droits et par leur ascendant, pouvaient contrecarrer ses projets.

Mon troisième essai se terminait le 1er juin, et n'avait plus que deux mois à courir. J'exposai à M. Taylor, avec tout le ménagement possible, la nécessité où je me trouvais de savoir enfin à quoi m'en tenir, le conjurant de réfléchir à ma position, aux embarras, à la défaveur et à tous les inconvéniens qui en étaient la suite; de ne pas laisser languir dans cette incertitude un homme qui s'était abandonné à lui avec confiance, et auquel il tiendrait sans doute compte de son silence et de sa résignation.

Le temps se passait; et ma lettre restait sans réponse. Je résolus de recourir à M. de Larochefoucauld. Je fis part de ma situation à M. de Beauchesne, chef de son cabinet particulier; il parut s'y intéresser, et m'écrivit, quelque temps après, une lettre qui se terminait ainsi :

« Je me trouve privé du plaisir de vous annoncer un ré-
» sultat conforme à vos vœux; et je ne puis que vous engager
» à supporter avec patience et courage ce que peut avoir de
» pénible votre position actuelle. J'aime à croire que vous
» trouverez dans la faveur du public et dans l'héritage de Talma,
» un dédommagement pour le présent, et une garantie pour l'a-
» venir. J'ai vu, à votre sujet, M. Taylor, qui m'a paru dans
» les dispositions les plus favorables : il est très satisfait de
» votre zèle, et doit proposer à M. le vicomte de Larochefou-
» cauld *un nouvel engagement d'une année en votre faveur.* »

J'écrivis aussitôt à M. Taylor, pour lui témoigner mon étonnement de l'avis que je venais de recevoir, et l'informer que, puisque toutes mes épreuves et mes concessions ne me procuraient d'autre résultat que d'être ajourné de nouveau, j'allais m'adresser directement à l'autorité supérieure. Prévenu de ma démarche, il ne pouvait en être blessé; mais elle tendait à secouer son joug et à m'attacher à la Comédie; et c'est ce qu'il voulait éviter.

M. de Beauchesne me fit savoir que M. le Chargé des beaux-arts, auquel il venait de demander pour moi un rendez-vous, me recevrait le lendemain *avec grand plaisir.* Je ne pouvais que bien augurer de cette invitation. Je me présente à M. de Larochefoucauld, qui me salue avec aménité; et j'allais, plein de confiance, lui exposer l'objet de mes sollicitations, lorsqu'il me prévient par ces mots : « Je ne peux pas vous garder;

» mes fonds ne me le permettent pas ; j'en suis fâché. Voyez
» de ma part M. Lemeteyer, correspondant des théâtres : il
» vous organisera une tournée en province. »

Ce langage m'atterra.. Je ne pouvais en revenir ! J'y reconnus
l'effet des suggestions de son délégué. Comment, après l'avis
de M. de Beauchesne, n'étais-je pas au moins conservé encore pour un an ? Comment les dispositions qu'on m'avait manifestées alors avaient-elles pu changer aussi brusquement ? *On
manquait de fonds :* et l'on venait d'engager deux nouveaux
acteurs ! et, tous les jours, on en consacrait à des achats de décorations ! et la mort de Talma faisait rentrer dans la caisse
un revenu annuel *de trente mille francs !*

Je fis observer à M. le Chargé des beaux-arts, qu'il m'enle-
vait mon état ; que je ne pouvais plus l'exercer en province,
où il savait dans quelle situation se trouvait la tragédie ; et
qu'en me prévenant de mon sort, six jours avant l'expiration de mon engagement, il me traitait avec une rigueur
inouïe.

M. Taylor m'avait déjà fait renvoyer par la Comédie ; il lui
restait de me faire renvoyer par l'Autorité. Il fallait, dans son
calcul, me forcer de recourir à lui, me faire tenir de lui mon
état, m'amener à ne reconnaître d'autre autorité que la sienne.
« S'il se rebute et qu'il parte (se disait-il sans doute), j'en
» serai débarrassé ; s'il reste, ce sera à moi qu'il le devra. Dans
» le premier cas, je ne pourrai pas être accusé de son renvoi ;
» dans le second, je me réserve d'être son médiateur. Menacé
» de ne pas être gardé, il se contentera des conditions que je
» lui imposerai. » Je ne pouvais plus être dupe d'un manège
renouvelé à chacun de mes engagemens.

Il m'avait fait recommander de passer chez lui, le lendemain
de mon entrevue avec M. de Larochefoucauld, évidemment
dans l'intention de rejeter sur lui mon renvoi, et de m'offrir
ses services pour le faire revenir sur sa résolution ; car, s'il
l'eût regardée comme définitive, dans quel but aurait-il désiré
me voir ? Je ne le fis point attendre.

« Monsieur Taylor, lui dis-je, vous n'avez point agi envers,
» moi avec bonne foi et loyauté. Vous abusez de ma sou-
» mission. J'ai rempli religieusement tous mes devoirs ; vous
» vous jouez de moi, depuis deux ans. Il est temps d'en finir, et
» de donner à mes plaintes toute la publicité qu'elles réclament. » — Il se lève à ces mots : « C'est affreux, s'écrie-t-il !
» c'est me mettre le pistolet sur la gorge ! J'ai tout fait pour
» vous.... Vous savez que je ne suis pas le maître. »

Quelques heures après, je lui adressai cet avis : « Monsieur,
» je n'ai encore entretenu personne du langage que vous m'a-
» vez réduit à vous tenir, ce matin. Rien ne s'est encore passé
» qu'entre nous. Il ne tient qu'à vous de prévenir les suites fâ-
» cheuses de mon désespoir. Traitez-moi avec la justice que je
» mérite ; aidez-moi à obtenir la garantie qui m'est due : vous
» trouverez en moi le plus docile de vos administrés. Mais,
» si, *dans les vingt-quatre heures*, je ne reçois pas une réponse
» convenable, je vous le répète, rien ne me retiendra plus.
» Les Tribunaux décideront si vous avez rempli vos engage-
» mens ; et un mémoire, tendant à démontrer que vous
» perdez le Théâtre-Français, ne tardera pas à être publié. »

Vingt-quatre heures étaient à peine écoulées, qu'un garçon
de théâtre, expédié par M. le Commissaire, accourut chez
mon portier demander un reçu de la lettre suivante :

« Monsieur, les menaces ne peuvent m'effrayer ; je remplis
» mes devoirs, et n'ai rien à craindre. Lundi, à une heure, si
» vous êtes disposé à me tenir le langage de la raison, pré-
» sentez-vous dans mon cabinet, au Théâtre-Français. »
                                          Signé *Taylor.*

Loin de moi la pensée d'avoir pu effrayer M. le baron Taylor.
Cet empressement à se rendre à mon invitation ne pouvait
provenir, je me plaisais à l'espérer, que d'un désir sincère
de réparer ses torts. Pour mieux lui éviter l'embarras de paraître céder à des menaces, j'adoptai l'idée qu'il n'était pas le
maître ; mais je connais, lui dis-je, votre empire sur l'esprit
de M. de Larochefoucault ; vous n'avez pas moins d'autorité

sur les comédiens; j'attends donc de vos efforts, une décision prompte et satisfaisante.

Il me promit de faire tout ce qui dépendrait de lui, pour obtenir du Comité ma réception; et m'assura, dans le cas où il ne réussirait pas, un engagement avantageux avec l'Autorité. Plusieurs membres étaient absens: il en convoqua de nouveaux, et leur adressa même, au nom de M. de Larochefoucauld, une lettre pleine d'expressions flatteuses pour moi.

Après de tels faits, après des conventions aussi positives, je ne pouvais plus douter, ni de sa sincérité, ni de ma réussite. Le croirait-on? Toutes ces promesses, toutes ces avances ne m'étaient faites que pour mieux me tromper, pour atteindre le moment d'effectuer le voyage *pittoresque* qu'il fait, tous les ans, et me laisser me débattre avec les comédiens! (Tous les ans, M. le Commissaire royal va dans les départemens, respirer l'air des cloîtres et des monumens féodaux.)

Je lui avais remis la demande qu'il m'avait conseillé d'adresser au Comité, en le priant de vouloir bien la présenter lui-même, et en lui faisant observer que je ne fixais aucune époque pour ma réception. On avait déjà tenu deux séances, sans qu'il en eût été question; enfin, à la troisième, il se décida sur mes instances à en parler, mais sans communiquer ma lettre, et en prétendant que je voulais être reçu, sur-le-champ; que je ne souscrirais à aucun autre engagement. On se récria sur mon exigence; et la décision fut ajournée.

Quelques jours après, il me fit venir dans son cabinet; et là, en présence d'un secrétaire, car depuis quelque temps il ne me parlait plus sans témoin, il m'annonça que ma demande avait été rejetée; que cependant, si je voulais tenter de nouvelles démarches, elle pourrait être remise en délibération. Je vis que j'étais joué, qu'il avait influencé le Comité; que toutes ses mesures étaient prises pour me faire échouer; que d'abord il avait pu être de bonne foi; mais que . n'ayant plus à craindre la *publicité* dont je l'avais menacé, il était revenu à ses premières dispositions. *La censure* venait d'être rétablie!

Je consentis encore à attendre ; mais je le prévins que si, la fin du mois arrivée, justice entière ne m'était pas rendue, si, outre mon admission définitive, je n'obtenais pas la remise des fonds qu'il persistait à me retenir, j'en porterais mes plaintes, et qu'elles retomberaient sur qui il appartiendrait. Sans me répondre sur le premier point, il me dit que le montant de mon amende avait été employé, (sans doute à récompenser les services de ses affidés). Le lendemain il était parti.

Avant de signaler au public tant d'injustices et de perfidies, je voulus tenter un dernier moyen d'arrangement ; et je m'adressai directement au Comité. Je me doutais bien que M. Taylor n'était pas parti sans lui laisser des ordres ; mais j'espérais qu'en me voyant prêt à commencer mes poursuites, on se déciderait peut-être à me faire les concessions propres à l'en préserver ; et j'étais bien aise aussi de prouver, par-là, le désir que j'avais d'éviter un éclat. Voici la réponse que j'en reçus, le 27 juillet ;

« Monsieur,... Le Comité vous offre, pour le reste de l'année, » à dater du 1er août jusqu'au 1er avril, un engagement d'acteur » pensionnaire, aux appointemens de 333 fr., par mois, (4000 fr. » pour l'année). Il regrette d'être dans l'impossibilité de faire » plus que ce qui est porté dans la délibération précitée, dont » les motifs vous ont été développés par M. le Commissaire » royal, de manière à rendre toute autre explication superflue. »

Signé *Lemazurier*, secrétaire.

Ces propositions dérisoires me firent voir que le parti était pris de me congédier. M'offrir un nouvel engagement *à l'essai* et une diminution de traitement , n'était-ce pas me signifier assez positivement mon renvoi ? Qu'eût dit le Comité, s'il avait eu l'intention de me garder, et que j'eusse voulu me retirer, en ne donnant avis de mon départ que la veille ? Je n'aurais pas mis le Théâtre dans un aussi grand embarras que celui qu'il m'a fait éprouver ; et pourtant m'aurait-on laissé partir ? Ne se serait-on pas autorisé des conditions qu'entraîne tout engagement synallagmatique ? N'aurait-on pas eu raison de me dire : vous deviez vous conformer aux règlemens, et nous prévenir à temps? C'est le langage qu'on me tenait, à notre première rupture.

Tous ces biais, tous ces détours, employés pour m'éconduire, prouvent évidemment qu'on sentait l'injustice de ce renvoi ; car, pourquoi ne me l'a-t-on jamais signifié ouvertement? Pourquoi ne m'en a-t-on pas prévenu, à l'époque prescrite? parcequ'on était forcé de reconnaître toute la validité des titres qui m'attachaient au Théâtre; parcequ'on n'osait violer un engagement fondé sur des conventions incontestables.

Voyant que toutes mes concessions n'aboutissaient qu'à rendre ma position plus critique, je cessai, le 1er août, mon service, résolu de prendre le seul parti qui me restait, celui de recourir aux voies judiciaires pour obtenir justice de tant de déceptions.

Pour justifier cette extrémité, je crus devoir adresser à l'assemblée générale des Sociétaires, un résumé des faits que je viens d'exposer, en déplorant l'oppression qui pesait sur eux-mêmes, et leur ôtait le pouvoir de me secourir. Les membres du Comité voulurent s'opposer à la lecture de ce mémoire. Mais la majorité des Sociétaires exigea qu'elle se fît. Le silence général qui succéda à cette lecture, donnait évidemment à mes plaintes une approbation tacite. M. Michelot le sentit, et s'empressa d'élever la voix. Il déclara que ce n'était pas M. Taylor, que c'était le Comité qui ne voulait pas de moi.

Ce dernier étant absent, je crus devoir attendre son retour, pour commencer mes poursuites. Le 22 août, une *signification* rédigée par Me Mérilhou, dans des termes aussi mesurés qu'énergiques, lui a été notifiée, aux fins de le sommer, comme chef de l'administration du Théâtre-Français, vu les engagemens contractés avec moi, de me faire jouir de mon admission définitive, sous peine de dommages et intérêts.

Depuis plus de quinze jours, j'entendais parler d'une lettre, rédigée en réponse à mon factum. M. Michelot avait cherché à persuader à ses camarades, qu'en attaquant devant eux l'autorité de M. le baron Taylor, je les avais compromis, et que, dans leur intérêt, il importait de désapprouver ma conduite. J'appris qu'on hésitait à m'envoyer cette mercuriale, parce qu'on ne pouvait parvenir à recueillir un nombre de signatures suffisant.

Enfin, le 30 août, je reçus une lettre datée du 11, que *dix Sociétaires* avaient refusé de signer; encore la plupart des signatures dont elle était revêtue avaient-elles été surprises. Ce petit coup d'état de M. Michelot tendait à la fois à disculper l'Autorité, et à me faire déverser mon animosité sur mes camarades. Plusieurs, je le sais, ne sont guères mieux disposés pour moi que leur chef, mais plusieurs aussi savent l'apprécier, et lui ont même, en plusieurs occasions, exprimé leurs sentimens d'une manière assez significative. On jugera du peu d'importance qu'ils mettaient à inscrire leurs noms au bas de la missive de M. Michelot, par la lettre que m'adressa l'un d'eux quelques jours après :

« Mon cher camarade, c'est avec un regret bien profond,
» que j'ai vu vos débats avec l'Autorité. En signant la lettre
» qui vous a été adressée, je n'ai fait que remplir un devoir
» dont une minorité quelconque ne peut s'affranchir, sans man-
» quer d'égards envers ses collègues : mais mes sentimens vous
» sont connus; ils sont immuables. Je me suis fait constamment
» un plaisir de vous aider de mon peu de crédit ; et je l'em-
» ploierai toujours à vous seconder, quand vous m'honorerez
» de votre confiance pour l'employer encore. *Une formule de*
» *rigueur* ne doit nullement vous faire soupçonner la sincérité
» des sentimens que je vous ai voués, et dont je me plais à
» vous donner ici la nouvelle assurance. »

Signé *Lafon.*

Les comédiens en général sont légers. L'habitude de parler sur le théâtre tantôt d'une chose, tantôt d'une autre, d'exprimer des sentimens opposés, et qu'ils n'éprouvent pas, les rend quelquefois distraits, inconséquens; ils n'attachent pas toujours une grande valeur à leurs paroles. Les jeux de la scène semblent se confondre dans leur imagination avec les faits réels; aussi est-il aisé de leur faire changer de langage et de surprendre leur bonne foi; mais lorsqu'on parvient à fixer leur attention, ils sont en général plus circonspects. Plusieurs ne se seraient probablement pas rendus à l'invitation de M. Michelot, si on leur eût laissé le temps d'y réfléchir, et d'en peser toutes les conséquences.

M. Michelot qui touche un revenu fixe de vingt mille francs, sans y comprendre les aubaines secrètes qu'il reçoit de l'Autorité, m'annonçait dans son épître, « que j'aurais tort de croire
» que le silence de la Comédie, après la lecture de mon mé-
» moire, en eût été l'approbation; que, depuis deux années,
» la Comédie n'avait eu qu'à se louer *du noble patronage de M. le*
» *baron Taylor*; qu'elle n'avait qu'à désirer qu'il lui fût con-
» servé; et qu'elle n'avait pu entendre, sans beaucoup de peine
» et de surprise, les plaintes que j'avais élevées contre lui. »

Que M. le Commissaire du Roi gouverne des comédiens avec la hauteur que lui donne son rang, avec l'arbitraire que sa puissance lui inspire, on le conçoit; sa conduite s'explique. Mais qu'un comédien favorise ce despotisme, qu'il seconde un plan d'asservissement qui tend à faire rentrer ses camarades dans leur ancien état d'abjection; est-il des termes pour qualifier une semblable turpitude !

Après l'invention de cet expédient, *nous avons mis l'Autorité à couvert*, disait M. Michelot. Non, Monsieur Taylor, ni la servilité de vos créatures, ni l'habileté de vos manœuvres jésuitiques ne vous mettront à couvert. Votre souplesse et vos allures tortueuses ne vous feront point esquiver mes accusations. Vous pourrez vous garantir de la Justice ; vous pourrez même obtenir de nouvelles faveurs du Pouvoir; mais vous ne vous préserverez point de l'opinion. Je consacrerai mes efforts à vous démasquer; j'aurai bien mérité des gens de lettres et des artistes, si je parviens à les prémunir contre le danger de vos relations.

7

Voilà les faits dans toute leur exactitude. Le lecteur peut juger. Après des engagemens aussi positifs, aussi sacrés, comment concevoir un enchaînement de difficultés pareilles! Il me reste à les expliquer, à en développer les causes, à montrer qu'elles n'ont pu provenir que de l'ordre de choses extraordinaire introduit au Théâtre-Français par M. le baron Taylor.

Le traitement vexatoire qu'il m'a fait essuyer, dès ma rentrée à ce théâtre; les atteintes portées à ma réputation et à mes intérêts; la rigueur avec laquelle il m'a écarté de tous les encouragemens; son intervention auprès du Comité, toujours employée pour tendre un piége à ma bonne foi; ses ajournemens continuels, ses déceptions réitérées, tout cet ensemble de combinaisons perfides et de procédés arbitraires, font clairement voir que le parti de m'évincer était pris depuis long-temps.

Les avantages que je réclame, disent mes adversaires, ne me sont garantis par aucun contrat: mais la force morale de mes titres ne suffirait-elle pas, au besoin, pour suppléer à leur légalité? Compte-t-on pour rien cette succession de traités provisoires, trois années profitables à la Comédie, sans aucun résultat avantageux pour moi? Ne s'est-on pas enchaîné envers moi par des promesses qu'on ne peut nier, par des usages qui font loi? Les droits de l'homme qui s'adonne à un art libéral seraient-ils donc jugés avec la froide et rigide ponctualité d'une contestation mercantile?

Sans l'assurance d'une réception définitive, je n'aurais certainement pu me déterminer à rentrer au Théâtre-Français, aux conditions que j'ai souscrites; je n'aurais pas renouvelé tant de fois mon engagement. Depuis long-temps on aurait entendu des plaintes, que je n'ai point élevées, parcequ'on me promettait alors ce qui m'est refusé aujourd'hui. On ne peut contester que je n'aie demandé à être sociétaire ; mes lettres en font foi. Qu'on produise un seul mot par lequel, depuis mon premier engagement, on m'ait déclaré que je ne pouvais pas l'être. On m'a laissé croire que je le serais : on m'a donc trompé.

Et, comment aurait-on refusé de me donner des espérances qu'on accorde aux pensionnaires les plus novices ? Depuis l'organisation du Théâtre-Français, l'avantage que je réclame est le but de tous les acteurs qui y sont admis, la récompense assurée à leurs progrès et à leurs'services. La question n'est donc pas de savoir si ma réception m'a été promise, mais si j'ai les qualités nécessaires pour l'obtenir.

M. le Commissaire rejette mon exclusion sur le Comité ! et quand de petites jalousies de métier auraient pu y contribuer, son premier devoir n'était-il pas de m'en préserver? Mais, comment des hommes qui lui sont dévoués, qui tiennent de lui des subventions, qu'à l'aide de ses fonds secrets il peut augmenter ou diminuer, n'auraient-ils pas été disposés à se rendre à ses désirs, s'il les eût invités à m'admettre?

M. Michelot, qui ne voit pas d'acteur entrer avec succès dans la carrière, sans se rappeler les humiliations qu'il y a éprouvées pendant six ans, qui voudrait s'emparer de tous les rôles et dominer dans toutes les pièces, ne m'a sans doute pas donné sa voix. Mais *Lafon*, *Armand*, *Firmin*, *Cartigny*, m'avaient donné la leur. Je les crois des hommes d'honneur, incapables de m'avoir trompé. Appelés devant la Justice, ils parleront.

Le gouvernement dictatorial dont les Théâtres Royaux étaient menacés, n'avait point encore reçu, à Feydeau, l'échec qui a renversé les espérances de M. le Baron. Déjà l'ordonnance fatale qui devait faire ployer le Théâtre-Français sous le joug, était prête. Il n'attendait que le moment de la faire paraître ; et né devait pas être disposé à me laisser entrer dans une Société nécessairement hostile à ses projets.

Il s'est bien gardé aussi d'y faire recevoir *David*, qui était homme à lui tenir tête. Irrité d'une exigence révoltante, Da-

7.

vid avait osé lui en demander satisfaction. Un noble dédain
avait été la réponse de M. le Baron; mais une pareille audace
ne pouvait rester impunie. Sous le prétexte que de fréquentes
indispositions mettaient cet artiste hors d'état de remplir son
service, les titres les plus authentiques lui sont aujourd'hui
contestés.

M. Taylor savait que l'assurance d'une retraite à venir était
pour moi le point important, et qu'un engagement comme pensionnaire pour un certain nombre d'années, à l'instar de celui
de Joanny, avec qui je partageais à l'Odéon l'emploi des premiers rôles, aurait rempli tous mes vœux. Je ne me suis jamais
montré plus partisan des Sociétés théâtrales que des Directions
absolues. Les soins administratifs m'ont toujours paru incompatibles avec les études de l'artiste. J'ai tenu à prendre rang
parmi les Sociétaires, parcequ'ils jouissent de prérogatives
dont il m'était pénible d'être privé; parceque, dans la hiérarchie des coulisses, il existe entre eux et les pensionnaires des
démarcations mortifiantes pour ces derniers. Ils sont exclus de
tous les honneurs, étrangers à toutes les délibérations. Quelques titres auraient pu me donner lieu d'être admis à la lecture des pièces nouvelles. Mais non : je suis pensionnaire.

Le *pensionnaire* est un vrai Paria. Vassal très humble des
Sociétaires, consigné, les jours d'assemblée, dans une salle particulière, il lui est défendu de pénétrer dans l'enceinte réservée à ses seigneurs et maîtres. Un Suisse lui en interdit
l'accès; et, s'il a une requête à présenter, c'est à la porte
qu'elle est reçue. Un Sociétaire jouit de la faculté de se faire
applaudir de tous ses parens et connaissances. Il a deux ou
trois *entrées*, et le droit de signer plusieurs billets. Heureux le
pensionnaire privilégié qui peut rendre un ami témoin de son
succès ! Sur la scène, les rangs se confondent; et le public est
quelquefois assez simple pour s'y tromper. Il manque aux règlemens un article qui défende au pensionnaire d'être meilleur
que le sociétaire.

On peut juger quelle a été, pendant deux ans, ma position.

et si elle m'a permis de me livrer à la culture de mon art. Assimilé, malgré mes antécédens, à un acteur à l'essai ; toujours incertain sur mon sort, toujours ballotté ; il me restait, pour prix de mes services, d'être renvoyé.

Cette expulsion, et toutes les tracasseries qui l'ont accompagnée, peuvent-elles être l'effet de circonstances fortuites ? Quelque opiniâtre que puisse être la rancune de M. le Commissaire, les motifs en sont-ils assez puissans, pour qu'au bout de deux ans elle ne soit pas encore éteinte ? Non ; il s'agit de causes plus graves, et qu'il importe de dévoiler *. Il est temps d'initier le public dans les secrets de sa gestion ; de révéler sa mission aux gens du monde, qu'il séduit par ses manières ; aux écrivains et aux artistes, qu'il flatte par ses caresses.

Le gouvernement le nierait en vain, LA TRAGÉDIE l'effraie ; il ne veut pas d'un genre aussi propre à éclairer l'esprit public, à inspirer des sentimens d'indépendance, des idées de progrès social. La tragédie reproduit les leçons de l'histoire ; elle met les rois aux prises avec les peuples. Elle retrace les révolutions des empires, les malheurs des têtes couronnées. Les vers se gravent dans la mémoire ; la poésie frappe plus que la prose ; ses couleurs sont plus vives, ses allusions mieux senties. De là le soin qu'on prend d'écarter tous les sujets capables de la faire ressortir. C'est ainsi qu'on accable Mlle *Duchesnois* de découragemens qui l'ont réduite, déjà plusieurs fois, à donner sa démission ; que Mlle *Bourgoin* est à la veille de recevoir sa retraite ; que *Lafon* est obligé d'exercer son talent dans la comédie ; que *Joanny* est relégué dans les rôles les plus subalternes.

Que ce soit de son propre mouvement, ou par l'impulsion d'une volonté étrangère, il n'en est pas moins constant que M. Taylor,

---

* Cet écrit est peut-être le premier qui ait signalé l'esprit *politique* du romantisme en France. Il est aujourd'hui aisé de reconnaître, qu'en se liguant contre nos anciens chefs-d'œuvre tragiques et comiques, le parti rétrograde qui vendit aux enfans de Loyola la plus précieuse de nos libertés, celle de la pensée, n'avait d'autre but que de confisquer, au profit de l'ignorance et du jésuitisme, toute la gloire littéraire du pays.

depuis son installation, n'a rien négligé pour anéantir la scène tragique, et que s'il n'est pas l'auteur du projet, il en est du moins l'exécuteur. Je ne puis croire qu'il suive en cela son inclination. Voué dès l'enfance à la culture des arts, employé comme décorateur dans les ateliers de la Gaieté, puis dans ceux des Menus-plaisirs, M. le baron Taylor doit depuis longtemps aimer le théâtre. Comment supposer que, de gaieté de cœur, il puisse se livrer à un semblable vandalisme?

Peut-être, pour justifier son administration, se prévaudra-t-il des représentations fructueuses qu'on lui doit. Mais qu'importe que les recettes soient plus fortes, si les dépenses sont plus grandes? Ces recettes passagères, dues à des ouvrages d'un genre faux, loin d'assurer la fortune du Théâtre, annoncent au contraire sa ruine. Le Théâtre-Français, en se renfermant dans son répertoire, n'avait point de rivaux; il en aura dix, en l'étendant au-delà de ses limites. S'il ne veut que gagner de l'argent, il a mille moyens plus prompts et plus sûrs pour y parvenir. Il n'est point de théâtres plus fréquentés que ceux de la Porte Saint-Martin et du Cirque-Olympique : qu'on donne les mêmes ouvrages dans la rue de Richelieu, on y recueillera les mêmes bénéfices.

Bien ou mal réparties, de nombreuses gratifications, il est vrai, ont été accordées à la Comédie-Française. Des fonds considérables ont été même employés à récompenser le dévouement de quelques acteurs, et à pourvoir le magasin de décorations et d'accessoires nouveaux. Le Théâtre en est-il plus riche? sa fortune plus assurée? Pendant long-temps l'Opéra-Comique a cru devoir se louer aussi des bienfaits de son Directeur. Jamais le revenu des Sociétaires n'avait été plus considérable, que pendant la gestion de M. Pixerécourt ; on a vu où cette opulence les a conduits.

C'est *en faveur de l'art* que le Théâtre-Français a été institué. Les Ordonnances le déclarent. La véritable mission du Commissaire du Roi devrait être de les faire exécuter, ou du moins d'en suivre l'esprit et les intentions. Mais c'est au contraire là le but dont on cherche le plus à s'écarter. Aussi la ruine de cette belle institution, que tous les peuples policés nous envient, est-elle plus imminente qu'on ne croit. Ses dangers ne fixeront-ils pas l'attention de nos représentans? Malgré les grands intérêts politiques qui les occupent, ils ne sauraient demeurer indifférens au sort d'un établissement qui se rattache, d'une manière si intime, à la gloire du pays, et qui, par cela même qu'il donne une nouvelle vie à la pensée, un nouvel éclat au génie, semble être pour certains hommes un objet d'aversion et d'effroi.

Depuis long-temps, les théâtres de province se ressentaient des attaques de ce parti; depuis long-temps, le projet qui a menacé les lettres et les arts, exerçait sur eux sa désastreuse influence. L'état de dégradation dans lequel ils sont tombés ne permet plus d'y jouer qu'accessoirement les ouvrages de haute littérature. Bordeaux, Lyon, Rouen, Toulouse, les villes les plus importantes n'ont plus de troupe de comédie complète. Econduit du Théâtre-Français, je me trouve donc entièrement dépouillé de mon état.

Le mélodrame et le vaudeville ont tout envahi; parcequ'ils supportent mieux la médiocrité, et flattent davantage le public; que les autorités locales, pour faire leur cour au pouvoir suprême, se montrent plus sévères encore que lui; qu'elles se font scrupule d'autoriser la représentation du *Tartuffe*, de *Mahomet*, de *Sylla*, etc., tandis qu'elles permettent celle de tous les ouvrages insignifians; parcequ'enfin, depuis six ans, les missionnaires parcourent la France en déclamant contre les théâtres, en détournant par diverses considérations une foule de personnes de les fréquenter, et en forçant les directeurs d'organiser leurs spectacles avec les moyens les plus faciles et les moins dispendieux.

La tragédie surtout entretient et propage les idées politiques. Elle présente souvent au parterre des allusions échappées aux ciseaux de la censure. Elle ne saurait entrer dans les vues de l'Administration. C'est de l'arrivée de M. Taylor, que date la

première application d'un plan qui , après l'avoir détruite dans
les départemens , est venu l'attaquer ensuite dans la Capitale.

Depuis deux ans, avec cet agent de la camarilla, ont pénétré
dans le sein de la Comédie tous les principes d'astuce et de
déception , tous les germes de corruption répandus sur une plus
grande scène. Avec lui , se sont introduits au Théâtre-Français
tous les élémens d'une révolution sourde, tendant, non pas à
en renverser le matériel , mais à en dégrader le moral , à en
dénaturer l'esprit , à le ravaler, en un mot, au niveau de tous
ces spectacles futiles , élevés et protégés de toutes parts au détriment du goût, de la morale et des lumières.

On redoute la pensée imprimée : comment ne redouterait-
on pas la pensée rendue sur la scène, agrandie et animée par
le jeu de l'acteur! Combien l'effet d'un vers n'est-il pas plus vif
au théâtre que dans le cabinet! Les rigueurs de la censure,
l'excommunication remise en usage, tant d'autres faits que j'ai
déjà signalés prouvent assez que les théâtres sont l'objet de
persécutions depuis long-temps préméditées.

Loin d'être exceptée, comme on pourrait le crôire, de la
proscription générale , la Comédie-Française est au contraire
le point sur lequel se dirigent plus particulièrement les attaques, le foyer même des complots tramés contre un art qu'on
ne saurait mieux perdre que là où il fleurit encore avec le
plus d'éclat. C'est peu d'y avoir déjà introduit le mélodrame ;
croirait-on qu'on a eu l'intention de lui adjoindre le vaudeville * !

Quelle a été la première opération de M. le Commissaire du
Roi, à son entrée au Théâtre-Français? La destruction du Se-

---

* Si l'on doutait de ce fait, voici un article du *Pilote* , journal ministériel, inséré , peu de temps après l'installation de M. Taylor, qui le rendra plus
vraisemblable : « On assure que M. le Commissaire Royal sollicite du gouver-
» nement une mesure aussi favorable à l'art dramatique qu'aux hommes de
» lettres qui s'occupent des théâtres. S'il réussit, comme nous l'espérons , quel-
» ques talens qui obstruent les avenues du *Vaudeville* et du *Mélodrame,* tourne-
» ront leurs regards vers le Théâtre-Français, et leurs veilles enfin récompen-
» sées enrichiront notre scène *de chefs-d'œuvre nouveaux.* »

cond-Théâtre, de l'établissement le plus utile à la fois à l'art dramatique et aux intérêts de la Comédie elle-même. C'est à la suite de cet exploit, qu'il s'est présenté aux hommes qu'il voulait perdre, et qui, dans leur reconnaissance irréfléchie, lui ont aveuglément ouvert leurs bras.

Un établissement protégé par l'opinion publique ne pouvait pas être sapé ouvertement ; aussi a-t-on eu bien soin de s'y prendre par des voies détournées. On lui a d'abord fait retirer le droit de jouer les ouvrages de l'ancien répertoire. Les acteurs qui en étaient les soutiens lui ont ensuite été enlevés, et séquestrés au Premier-Théâtre. Des traités les retenaient au Second ; mais toutes les difficultés ont été bientôt aplanies. C'est ainsi qu'on s'est emparé de *Joanny, David, Perrier, Samson,* de Mmes *Valmonzey* et *Brocard.*

Cet embauchage était aussi hardi que bien entendu ; il fait honneur à son auteur, non-seulement par la manière dont il l'a effectué, mais encore par le parti qu'il en a tiré : car il ne suffisait pas de priver l'Odéon de ses acteurs, il fallait encore les rendre inutiles à la Comédie-Française, les amener à se trouver heureux d'y rester, à quelque prix que ce fût, en devenir, en un mot, tellement maître, qu'on n'eût plus à craindre de les voir exercer leur état, ni à l'Odéon ni en province. Il en résultait deux avantages : le premier, de ne plus laisser qu'un temple à Melpomène ; le second, d'en séduire les desservans, en les gratifiant du privilége exclusif d'exploiter l'ancienne tragédie, pour les perdre ensuite à leur tour.

Après cette opération, M. le Commissaire n'en a pas fait une moins adroite. N'osant exercer de prime-abord sa dictature, il fallait en commençant qu'il parût respecter l'ancien ordre de choses ; qu'il se composât un comité qui mît sa responsabilité à couvert, sans cependant gêner son pouvoir. Qu'a-t-il fait ? Un homme qui aurait voulu le bien de l'établissement, y aurait appelé les acteurs les plus intéressés à la chose publique. Sur qui s'est porté son choix ? sur Talma et Mlle Mars, c'est-à-dire sur deux sujets qui, ayant fini leur temps à la Comédie, et n'y étant plus retenus que par les avantages particuliers qu'ils tenaient de l'Autorité, se trouvaient obligés, dans leur intérêt personnel, de ne point contrarier ses vues.

Une fois maître du Comité, M. Taylor l'a été bientôt de toute la Société. Cependant, il y a trouvé des résistances : plusieurs Sociétaires ont voulu arrêter ses envahissemens ; quelques-uns ont même osé, en pleine assemblée, l'apostropher énergiquement. Ses ordres n'ont pas toujours été suivis ; on s'est permis des réclamations, des lenteurs.

Or, la célérité est tout pour lui : d'un esprit aussi vif que son corps est agile, il traite les affaires en courant ; il faut l'arrêter au passage. Personne mieux que lui n'élude une objection et ne saute sur une question. Toujours pressé, toujours affairé, il prévient vos désirs, pose votre demande et la résout, avant que vous ayez eu le temps de le saluer. Pour lui, une mémoire prompte est du talent. Il ne comprend pas qu'on ait besoin de plus d'étude pour jouer un rôle au Théâtre-Français, qu'au Panorama-dramatique ; et quand la décoration est terminée, la représentation peut *marcher*.

C'est pour arriver à cette promptitude d'exécution, que M. Taylor a imaginé de réunir le second Théâtre-Français au premier, de joindre une nouvelle troupe à l'ancienne, de s'entourer d'acteurs à sa solde et dont il put disposer à son gré. En terme de coulisses, les rôles n'étaient autrefois que *doublés* ; ils sont maintenant *quadruplés*. La composition de la troupe est aussi incohérente que le personnel en est nombreux. On y compte autant de sortes d'engagemens que d'individus. Chaque acteur a droit aux mêmes rôles ; et toute démarcation d'emploi est détruite. Cette confusion achève de perdre le Théâtre : elle enlève aux rôles leur physionomie ; elle fait disparaître de la pièce les oppositions nécessaires à son effet. La distinction des emplois est prescrite, depuis l'organisation de la Comédie, par les règlemens, « dans l'intérêt de l'art, » comme dans celui de l'administration, afin de fixer le rang » et le droit de chacun, et de prévenir toute contestation. »

Ne servit-elle qu'à maintenir ce dernier avantage, elle mériterait d'être soigneusement conservée.

Dans ce bouleversement, il ne me restait plus rien à faire. Les pensionnaires, auxquels il semblait devoir facil l'avantage de se produire plus souvent, le peuvent moins que jamais. S'il se trouve dans une pièce nouvelle un rôle favorable, dix Sociétaires se présentent pour le jouer. De cette manière, on a enlevé aux acteurs appelés à soutenir la tragédie dans les premiers rôles, tout moyen d'y parvenir. L'emploi de Talma n'existe plus. Pour mieux éviter qu'il ne fût rempli, M. Taylor l'a démembré.

M. Taylor s'est écarté de la ligne tracée par les règlemens, en tout ce qui méritait d'être suivi. Constamment en contravention avec eux, il en a adopté tous les vices et cimenté tous les abus. Depuis deux ans, il travaille à une nouvelle ordonnance ; et l'ancienne reste toujours debout. Il attendait pour la mettre en vigueur, l'issue des débats de Feydeau, voulant voir comment tournerait l'essai qu'on y tentait, comment *des comédiens* prendraient le coup d'état qui devait les frapper et les dépouiller de tous leurs droits de citoyens. L'accord, l'énergie et la dignité des artistes de Feydeau ont sauvé les Comédiens Français. Le servage dont les interprètes de Molière et de Corneille étaient menacés a été ajourné.

On ménagera donc, jusqu'à nouvel ordre, les intérêts de l'artiste ; mais ceux de l'art seront-ils aussi respectés ? On ne peut plus jouer la tragédie, après Talma ; le public n'en veut plus ! Telle est la sentence proclamée en tous lieux, et dans tous les journaux par les hommes du Pouvoir. Pourquoi, depuis sa mort, ont-ils tant prôné Talma, que de son vivant ils goûtaient beaucoup moins, si ce n'est pour mieux rabaisser ses successeurs ? Ils flattent aussi Mlle Mars, dont ils craignent l'influence, mais ne partagent pas davantage les principes. Qu'elle quitte le Théâtre, avec elle disparaîtront bientôt aussi les ouvrages de haut comique. Déjà même, ne la voit-on pas obligée de descendre à la comédie de genre et au mélodrame ? Encore quelques années, et le triomphe de M. le Commissaire sera complet; il régnera en maître absolu sur le domaine des pièces bâtardes.

Pour quelques auteurs favorisés', combien en est-il qui souffrent de cet état de choses? Que de plaintes ont été élevées par MM. *Lemercier*, *Arnaud*, *Duval*, *Delrieu*! etc., sur l'abandon où languissent leurs ouvrages, et la négligence avec laquelle ils sont montés! Et quelle protestation plus frappante contre cette profanation du sanctuaire de notre littérature dramatique, que la retraite unanime des hommes de lettres qui composaient le comité de lecture?

Non sans doute, le public ne veut pas de tragédies mal faites et mal jouées, qui n'ont de l'ancienne école que les défauts. Il ne veut pas revoir, tous les huit jours, des ouvrages qu'il sait par cœur depuis l'enfance. Mais montrez-lui ceux qui, à leur mérite propre, joignent l'avantage de n'avoir pas été représentés depuis long-temps : choisissez dans l'ancien répertoire *Sertorius*, *la Mort de César*, *Venceslas*, *Charles IX*, *Henry VIII*; dans le nouveau, *les Templiers*, *Frédégonde et Brunehaut*, *Marius*, *les Vêpres Siciliennes*, et une foule d'autres; montez ces pièces avec le soin et l'ensemble convenables; et loin de s'éloigner de la tragédie, le public s'y portera avec empressement. Il la recherche au Théâtre Anglais, dans une langue qu'il n'entend pas; il l'applaudit au boulevart, dépouillée de sa dignité: il ne la repoussera pas au Théâtre-Français, ennoblie et épurée. Il sera toujours avide d'émotions puissantes, toujours accessible aux sentimens nobles et héroïques qu'elle a le don d'inspirer.

Si la tragédie française, ainsi que le prétend M. le Commissaire, ne peut rien faire éprouver; si telle est son impuissance et sa nullité, pourquoi tant d'efforts pour l'écarter? que ne l'abandonne-t-on à elle-même, libre d'entraves! Anglais de nom, de goût et probablement d'origine, M. Taylor ne connaît de tragédie parfaite que celle de l'école de *Shakespeare*; Corneille, Racine, Voltaire, ne sont à ses yeux que des versificateurs ampoulés : leurs règles ont perdu notre Théâtre : il voudrait le voir ramené au bon temps des *mystères*. Pense-t-il ce qu'il dit ? j'en doute ; mais tout cela tend à faire rétrograder l'art vers l'enfance, à corrompre notre littérature dramatique ; et c'est là le grand but de sa mission.

Dans ces dispositions, M. Taylor est servi à souhait par M. Michelot, qui, n'ayant jamais pu s'élever à la hauteur de la tragédie, voudrait la faire descendre au niveau de ses moyens. La Comédie-Française, dit-il, n'a plus besoin d'acteurs tragiques. Il est temps d'en bannir les vers, et d'y parler en prose. Malheureusement M. le Commissaire et consorts secondent un goût qui n'est déjà que trop répandu ; et sous le prétexte de varier les plaisirs du public, ils en profitent habilement pour remplir les vues du parti qu'ils servent.

Il règne, depuis quelque temps, dans les esprits une aberration singulière. Il faudra bientôt, qu'au lieu de la chose peinte, on voie la chose même. Tout est convention dans les arts ; ce sont les difficultés vaincues qui en font le charme. Par quelle bizarrerie ne voulez-vous rien d'artificiel dans un art ? On ne parle pas en vers dans la nature, dit-on ; et l'on en conclut que la tragédie n'est pas naturelle ; mais quel art reproduit la nature même ? La peinture, la sculpture, la poésie, n'en sont que l'imitation. N'est-il donc pas aussi naturel de faire parler un personnage en vers, que de le peindre sur la toile, que de le figurer avec le marbre ?

Les règles de la versification, les lois de l'art dramatique, ne sont point un effet de pure fantaisie ; elles sont le fruit des études les plus réfléchies, le résultat des combinaisons les plus propres à flatter le goût et à intéresser l'âme. Toutes ces conventions sont puisées dans la nature, adaptées à nos sentimens, et mesurées à nos besoins. Elles ont été établies pour soutenir la vraisemblance, autant que pour se conformer au degré d'attention et d'intérêt dont l'esprit du spectateur est susceptible, et pour ne pas dépasser des bornes au-delà desquelles il ne trouverait plus qu'ennui et fatigue.

C'est à ces principes créateurs que le Théâtre-Français doit son existence et sa gloire ; et ni les efforts de l'envie, ni les tentatives d'aucun pouvoir ne sauraient parvenir à les détruire.

Il existe une coterie qui semble prendre à tâche de décrier tout ce qui est national, tout ce qui, dans les arts et dans les lettres, se rattache précisément aux époques les plus glorieuses de notre histoire. Les ouvrages de fabrique étrangère sont seuls l'objet de son admiration. Notre Théâtre est, à l'entendre, un échafaudage de déclamations et d'absurdités. Dans ce parti, qui voudrait rabaisser tout ce que l'ancien régime a produit de bon, se trouvent précisément les hommes qui désireraient le plus en rétablir tous les abus. A leurs yeux, rien n'est plus beau, plus digne d'envie que le *moyen-âge*.

Ce penchant romantique pour les temps féodaux, cet amour des usages gothiques, qui se manifeste, depuis la Restauration, dans notre littérature, dans notre peinture et jusque dans notre ameublement, ne s'étendra-t-il pas un jour plus loin que nous ne voudrons ? Ne craignons-nous pas qu'après avoir attaqué nos droits politiques, l'Etranger, profitant de notre engouement pour ses productions, ne vienne encore envahir notre gloire littéraire ? Comment, des écrivains placés parmi les défenseurs de nos intérêts nationaux, peuvent-ils préconiser ces doctrines, et favoriser une nature de conquêtes qui, pour être moins violente, n'en sera peut-être pas un jour moins funeste ! Dans ce siècle d'industrie, où toutes nos idées tendent à étouffer les sentimens nobles et désintéressés du patriotisme, sous le joug de l'aristocratie financière, qui peut prévoir ce que deviendront nos arts, notre littérature et nos libertés !

Au milieu des cris d'admiration dont les Anglo-Français ont fait retentir Paris, à la vue des chefs-d'œuvre britanniques, des voix éloquentes se sont heureusement élevées pour soutenir l'honneur de nos écrivains. Rendons justice aux auteurs étrangers ; mais ne ravalons pas à ce point les nôtres. Accueillons avec transport , enrichissons même les comédiens anglais et italiens; mais n'accablons pas de critiques outrageantes nos compatriotes : procurons-leur au moins un traitement suffisant pour subvenir aux dépenses de leur état.

On est surpris qu'à un théâtre national, les costumes ne soient pas fournis aux pensionnaires, comme ils le sont à l'Opéra et à la plupart des théâtres de Paris. Vous aviez là, Monsieur le Commissaire, une occasion de prouver votre désir d'encourager les jeunes acteurs. Un vieil abus de la Comédie veut que l'ancienneté seule soit récompensée, et que le talent, sans services, ne compte pour rien. Loin de l'avoir réformé, vous avez pris à tâche de le renforcer, en ajoutant encore à la fortune des anciens, et en laissant les nouveaux dans le besoin.

Je n'ai pas énuméré la moitié de vos fautes et de vos malversations. Quels avantages prétendriez-vous leur opposer ? De quelles améliorations pourriez-vous bien vous prévaloir ? Croyez-vous pouvoir vous glorifier des décorations que vous avez étalées sur la scène, pour éblouir le public et jeter un voile sur vos plans désastreux ? Mais ces décorations n'ont pas même le mérite d'être exactes. Elles n'offrent qu'anachronismes et invraisemblances.

Ainsi, dans *Charles VI*, il est question d'une salle inhabitée ; Craon s'écrie en y entrant : *quelle solitude !* et le théâtre représente un lieu garni de meubles recherchés, de vases précieux qui le feraient prendre pour le boudoir de la Reine. Des trophées ont été élevés, à grands frais, dans *le Siège de Paris* de M. D'Arlincourt : les casques qu'on y a fait entrer sont surmontés de panaches, qui n'ont été portés que cent ans plus tard. Le palais sépulcral de *Roméo et Juliette*, dû, assure-t-on, à votre pinceau même, offre une architecture postérieure de deux siècles à l'époque où la scène se passe.

Citez une réforme qui justifie votre prétention de novateur, et qui ait été profitable, soit à l'art, soit à l'administration ! Citez une compensation à tout le préjudice que vous avez occasioné, depuis deux ans, au Théâtre, aux acteurs, aux

hommes de lettres dont vous étiez destiné à favoriser l'intérêt et la gloire !

Récuserez-vous les faits que je viens d'exposer? Qu'avez-
vous à alléguer pour votre défense ? Répondez. Je vous attends devant les Tribunaux. Il me resterait encore bien des
pages à remplir pour énumérer tous vos méfaits, toutes vos
combinaisons perfides; mais tout ce que je pourrais dire ne
réparera jamais le mal que j'en éprouve. Quand justice me
serait maintenant rendue, quand toutes mes réclamations
seraient satisfaites, me dédommagerez-vous des dégoûts jetés
dans mon âme? Effacerez-vous les traces de l'altération que
tant de peines et d'inquiétudes ont laissées dans mes facultés?
Me ferez-vous enfin retrouver le temps perdu pour mes études
et mes progrès? Et, quels torts avez-vous à me reprocher? Jamais on n'a opposé plus de ménagemens à plus de provoca-
tions; jamais personne n'a obtenu de moi plus d'égards, plus
de déférences; j'ai plié mon caractère à tous vos ordres, à tous
vos caprices; vous en avez profité pour me livrer à toutes les
tortures auxquelles l'existence d'un artiste puisse être en proie.

De quelques développemens que cet exposé soit encore susceptible, il suffira pour prouver que vous êtes le principal auteur de toutes mes persécutions; que vous vous êtes opposé à
ma réception et à mon avancement, par les détours les plus
coupables, malgré les conventions les plus sacrées, et les statuts les plus solennels; que votre gestion n'est pas moins funeste aux intérêts du Théâtre qu'à la prospérité de l'art et à
celle des artistes; et que le premier moyen d'arrêter la décadence et l'avilissement de la Scène Française, serait de vous
retirer un pouvoir dont vous abusez aussi indignement.

L'intérêt d'un art que j'ai tant aimé, et les dangers qui le
menacent, m'ont peut-être entraîné au-delà des bornes de mon
sujet. Je termine, et laisse au public à nous juger. Quel sera
mon sort? Serai-je réduit, dans la force de l'âge, à perdre sans
retour le fruit de dix années de travaux? Victime de ma bonne
foi, me verrai-je impunément calomnié, privé de mon état et

de tous mes droits? Je m'abandonne à l'équité de mes juges ,
à l'éloquence des avocats illustres qui daignent embrasser ma
défense, à l'amitié de mes camarades , dont je soutiens ici la
cause , et dont la voix peut me sauver.

APPENDICE.

Ce mémoire était imprimé depuis près de deux mois, lorsqu'il a paru. Il m'importe de signaler les causes qui en ont suspendu la publication. Cet appendice offre le complément de toutes les manœuvres tentées par M. Taylor pour nuire à mes intérêts et à ma réputation : il m'a paru nécessaire pour achever d'éclairer mes juges, et combattre les préventions que la tactique de mes ennemis pourrait leur inspirer contre moi.

Avant de livrer mon mémoire au public, j'avais cru devoir, en homme loyal, le communiquer à mon adversaire. Quatre jours se passèrent, sans qu'il parût faire plus de cas de cet avis que de tous ceux que je lui avais donnés antérieurement. Je me disposais à agir en conséquence; et déjà quelques exemplaires étaient distribués, lorsque Mlle Duchesnois, dont l'obligeance égale le talent, me pria d'attendre, et s'empressa d'écrire à M. Taylor pour le déterminer à entrer en conciliation. Il lui répondit aussitôt une lettre dans laquelle, après s'être récrié sur l'injustice de mes procédés, il lui annonçait que, si je m'engageais à renoncer à cette publication, il consentirait à oublier tout ce qui s'était passé.

Le lendemain, M. le Commissaire Royal me fit signifier par un de ses amis, qu'offensé de plusieurs passages de mon mémoire, il en exigeait, avant tout, la réparation. Je demande quelle réparation peut exiger l'homme qui vous ravit votre bien, votre état, qui détruit votre propriété et toutes vos espérances !.. Je répondis néanmoins : qu'aussitôt que j'aurais démasqué M. Taylor aux yeux du public, aussitôt que j'aurais signalé aux Tribunaux les abus de pouvoir et les spoliations dont il me rendait victime, il me trouverait prêt à le satisfaire. Plusieurs mois auparavant, je l'avais déjà fait prévenir de mes dispositions par M. Charles Nodier, alors notre ami commun, qui, avant même que ce mémoire fût imprimé et qu'il pût le connaître, paraissait très alarmé de sa publication, et m'avait adressé une lettre pressante pour m'en détourner.

Dans l'impossibilité de se soustraire à mes accusations par l'expédient qu'il avait imaginé, M. le Commissaire eut recours à un moyen terme qui aurait pu lui réussir, s'il y eût apporté plus de bonne foi. Les intermédiaires qui s'employèrent pour tenter ce nouveau mode de conciliation me firent savoir que, si je consentais au moins à rectifier les passages qui l'offensaient le plus, il s'engageait à me faire rentrer à la Comédie, et me promettait même, si je voulais m'abandonner à lui, de me rendre un jour sa bienveillance.

D'après ces assurances, données devant plusieurs témoins honorables, je souscrivis à l'un de mes Conseils, à Me Routhier, avocat à la Cour de cassation, une déclaration par laquelle je reconnaissais : qu'en écrivant mon mémoire, j'avais pu ne pas retrouver les termes précis d'un entretien, rapporté au passage dont M. le Commissaire paraissait être le plus blessé; et que je devais cet hommage à la vérité de le rectifier, quand bien même sa conduite me réduirait plus tard à poursuivre l'exercice légal de mes droits, ou à recourir à tout autre mode de réparation.

Cette déclaration, d'après les démarches de M. Taylor, me paraissait devoir lui suffire. Elle me donnait l'espérance de voir enfin se terminer nos débats, et de pouvoir jouir d'un repos qui m'était si nécessaire. Dans cette attente, je ne m'inquiétais même pas des conditions de mon engagement. Je présumais qu'il ne pouvait vouloir me faire rentrer au Théâtre-Français que d'une manière avantageuse. Après ce qui s'était passé, je sentais qu'il lui était difficile de me rendre de suite et ouvertement, une justice complète. J'attendais tout du temps, consentant à différer jusqu'à Pâques

8.

et ma rentrée et la conclusion de nos arrangemens définitifs.

Que faisait M. Taylor? Il donnait lieu à d'indignes propos. Ma réponse à son émissaire, quoiqu'entendue de plusieurs témoins, était dénaturée, mes intentions falsifiées. Il persistait à éviter ma présence, à me refuser une entrevue et à ne vouloir traiter que par intermédiaires. Pendant que, pressé du besoin d'obtenir justice, je gardais patiemment le silence, les journaux vantaient son administration. MM. Nodier et de Cailleux, ses associés au voyage pittoresque *dans l'ancienne France,* publiaient dans les feuilles de la congrégation, une lettre sur ses vertus et ses mérites.

Veut-on savoir de quelle manière il avait entendu me rendre mon état ; comment il prétendait seconder ma réhabilitation ? Il permettait de me recevoir de nouveau à l'essai, avec le traitement de quatre mille francs qu'il m'avait déjà fait offrir si dérisoirement, sans me donner d'autre garantie d'un sort plus avantageux que la promesse de faire, à ce sujet, tout ce qui dépendrait de lui ! Je vis qu'il ne me restait plus d'autre ressource que de reprendre mes poursuites et de donner à mes accusations autant de publicité qu'il me serait possible.

Moins puissant de droit que de fait, M. Taylor se retranche toujours derrière l'insuffisance de son pouvoir. Sans empire sur les comédiens, sans crédit auprès de l'Autorité, à l'entendre, personne n'est plus étranger que lui à tout ce qui se passe au Théâtre. Vous verrez qu'il n'a pas eu le moindre rapport avec les hommes qui l'ont placé dans le poste qu'il occupe, et qui, pendant six ans, ont fait une guerre si acharnée aux arts et aux lettres. Il veut que j'accuse les comédiens : voici la manifestation de leurs sentimens à mon égard :

« Nous, soussignés, Sociétaires du Théâtre-Français, après » avoir pris lecture de la demande à nous adressée par » M. P. Victor, d'où il résulte qu'il importe à sa réputation » et à ses intérêts que nous nous expliquions franchement sur » la conduite qu'il a tenue parmi nous, pendant son séjour à la

» Comédie-Française, déclarons en notre propre et privé nom,
» que toutes nos relations avec M. Victor ont été amicales ;
» qu'il a rempli tous ses devoirs avec zèle et avec exactitude ;
» qu'il n'est parvenu à notre connaissance aucun fait qui nous
» ait appris qu'il eût manqué en rien à son service ; qu'il s'est
» même rendu *utile* à la Comédie, en acceptant plusieurs rôles
» secondaires ; qu'enfin M. Victor a emporté notre estime per-
» sonnelle. Nous donnons cette attestation d'autant plus vo-
» lontiers, qu'elle s'accorde avec les offres d'engagement à lui
» faites par le Comité ; et nous ne pouvons que regretter la
» perte d'un artiste recommandable à la fois *par son caractère*
» *et par son talent.* »

Paris, le 20 décembre 1827.

Signé : *Lafon, Armand, Firmin, Monrose, Cartigny*, mem-
bres du Comité. *Desmousseaux, Saint-Aulaire, Menjaud,*
Grandville; — Mmes *Duchesnois, Leverd, Paradol, Bourgoin,*
Demerson, Desmousseaux, Dupont, Mante, Dupuis, Tousez.

Que pouvait répondre M. Taylor à cette déclaration inattendue ? force lui a été de se taire. Mais, selon son habitude,
il s'est hâté d'agir et de faire parler les autres. Faute de raisons
et d'argumens pour repousser mes accusations, il leur a opposé, ainsi que je le prévoyais, les armes de la ruse et de
l'imposture ; et il s'en est servi, je dois l'avouer, avec adresse,
avec bonheur. Peu même s'en est fallu qu'il n'ait triomphé,
du moins aux yeux des personnes qui se laissent prendre aux
apparences et jugent le fond sur les dehors. J'annonçais qu'il
répondrait à mes griefs par des calomnies ; il a mieux fait :
c'est moi qu'il a tenté de faire passer pour le calomniateur.

Aucun de ses actes diplomatiques n'avait encore approché
de ce nouveau trait de machiavélisme. C'est une œuvre qui
complète le cours de ses exploits administratifs ; mais, si elle
impose d'abord, elle ne laisse bientôt plus voir que le fruit
d'une faiblesse adroitement déguisée, la dernière ressource
d'un pouvoir menacé d'une chute prochaine.

M. le Commissaire gouverne le Théâtre-Français, au mécon-
tentement général de ses administrés ; il entraîne l'art vers sa
perte ; il s'attire de plusieurs comédiens les apostrophes les
plus mortifiantes ; il provoque les plaintes des auteurs. Que
fait-il ? Le croira-t-on ! C'est du secours de ces mêmes hommes
qu'il conçoit l'idée de se servir pour repousser mes attaques ;
il les appelle à sa défense ; il invoque leur approbation ;... et il
l'obtient ! Comédiens et auteurs le reconnaissent publiquement comme le protecteur *le plus éclairé et le plus dévoué aux
intérêts de la Comédie !*

On ne sait ce qu'il faut le plus admirer de son audace et
de son succès, ou du dévouement inouï de ceux qui se sont
rendus à ses sollicitations. Leur manifeste est sans exemple
dans les annales du Théâtre. On ne peut croire que des hommes
appelés à soutenir les droits et la dignité de la Scène Française
aient pu en sanctionner la ruine ! Qu'il leur ait plu de se féliciter du patronage de M. Taylor, *de se faire un devoir et un
plaisir* de lui en témoigner leur gratitude ; ils en avaient la liberté ; mais leur était-il permis d'influencer, à mon préjudice,
l'opinion du public ? avaient-ils le droit de s'immiscer dans
nos débats ; de décider que mon adversaire était *injustement
attaqué* ? ne pouvaient-ils faire son apologie, sans prononcer ma
condamnation ?

On a pu juger que M. Taylor était constant dans son plan
de défense. Retenu sans doute par la voix de sa conscience,
il évite toujours de se mettre en avant, et confie à ses amis
le soin de me répondre. C'est ainsi qu'il a d'abord emprunté
l'organe de M. le vicomte de Larochefoucauld ; qu'il a pris ensuite pour champion M. Michelot ; qu'il a eu recours plus tard
à la plume de M. Nodier, et qu'il se fait maintenant secourir par
les auteurs et par les acteurs. Mais il aurait dû au moins engager ses défenseurs à être plus véridiques. Les Comédiens,
contradictoirement à leur premier manifeste, revendiquent,
pour le justifier, l'honneur de m'avoir écarté de leur Société,
et publient que : *le Comité seul a droit d'admission ou de refus.*

Les Comédiens avancent là une assertion indignement fausse. Ils savent très bien qu'aux termes des Ordonnances Royales, toute décision à ce sujet demande à être *approuvée par l'Autorité.*

Le Comité se compose de huit membres ; comme je l'ai déjà dit, quatre d'entre eux m'avaient, chacun en particulier, promis leur voix. Je ne puis leur faire l'injure de croire que réunis, ils me l'aient refusée. Or, l'Autorité, *en cas de partage d'avis,* ayant *voix prépondérante,* M. le Commissaire avait tout droit de faire pencher la balance en ma faveur. Que je sois au surplus repoussé par l'un ou par l'autre, ce n'est point là l'affaire ; et le *certificat* délivré à M. Taylor ne répond point à la question ; il s'agit de savoir si je le suis justement. C'est ce que les magistrats vont décider. Ils jugeront s'il est au pouvoir de M. le Commissaire, et même du Comité, de me frustrer, selon leur bon plaisir, des avantages qui me sont acquis par les lois du Théâtre, par les années de service que je lui ai consacrées, et par la sanction que le public leur a donnée.

Quant aux intérêts de la Comédie : en déclarant qu'elle ne doit rien, que le Pouvoir l'a comblée de *bienfaits,* mes camarades éludent encore là une question. Ils ne disent pas ce que coûtent ces bienfaits à la caisse des Beaux-arts, et ne parlent pas du *déficit* qu'ils y ont produit. Ils ne répondent pas aux imputations que plusieurs journaux viennent de diriger, à ce sujet, contre M. le Commissaire Royal. Ce qui est certain, c'est que les dépenses extraordinaires faites sur les fonds de la Maison du Roi, pour la mise en scène des ouvrages romantiques, les sommes considérables réparties en gratifications et encouragemens divers, au-dedans et au-dehors, ont dû nécessairement être très-onéreuses, non pas à la Comédie-Française, mais à l'Administration qui s'est chargée de l'entraîner dans cette voie ruineuse.

On se rappelle que déjà M. Michelot avait fait signer une lettre apologétique du gouvernement de M. Taylor, et que dix Sociétaires avaient refusé d'y apposer leurs noms. Deux femmes,

aussi distinguées par leur caractère que par leur talent,
Mlles Duchesnois et Leverd, ont également refusé de signer
celle-ci. Et comment est-on parvenu à obtenir la signature des
autres? Ce n'est qu'après avoir été sévèrement admonété en
pleine assemblée, après avoir été obligé de promettre qu'il se
renfermerait désormais dans ses attributions, que M. le Commissaire a remporté cette triste victoire, et que, selon l'expression de l'un d'eux, ses péchés lui ont été remis. Telle est
la position embarrassante où il s'est jeté, qu'il a pris depuis ce
moment un congé qui dure encore, et qui paraît devoir se prolonger indéfiniment.

Les auteurs, en suivant l'exemple des acteurs, ont cédé la
plupart à un sentiment de complaisance qui ne prouve rien.
Les uns se sont laissés entraîner par les instances de leurs collègues, les autres par des motifs d'intérêt personnel. MM. Picard, Mazère et Scribe, qui lui devaient le succès de plusieurs
ouvrages nouveaux, ne pouvaient avoir qu'à se louer de la
gestion de M. Taylor. MM. Duval et Ancelot, en portant leurs
œuvres à l'Odéon, ont suffisamment protesté contre leur acte
de faiblesse.

Au milieu de ces noms, il en manque dont l'absence mérite
d'être remarquée. *MM. Arnaud père, Andrieux, Viennet, Gui-
raud, Bis, Delrieu, etc.* n'ont point signé. Sans parler des faits
exposés dans mon Mémoire, la préface des *Guelfes et des Gibe-
lins,* de M. Arnaud, *l'Epître-Satire au Baron Taylor,* par M. Léon
Halevy*, les révélations de l'*Incorruptible* déposeront à jamais,
en dépit de tous les certificats, contre une administration
aussi déplorable. Les signataires ont tellement senti le tort
qu'ils m'avaient fait en embrassant sa défense, qu'ils n'ont pu
me refuser, quelques jours après, de m'accorder la réparation
suivante :

* Il est à regretter que l'auteur de cette production remarquable, qui était déjà
imprimée et qui aurait probablement fait sensation, ait eu la faiblesse d'en arrêter la publication. Les exemplaires en sont fort rares. Nous venons d'en trouver un, que nous conserverons précieusement.

« Nous déclarons que la signature apposée sur une lettre en
» faveur de M. Taylor ne concerne que des rapports généraux ,
» et ne touche en rien aux intérêts particuliers de M. Victor.
» Nous désirons même vivement que la Scène Française ne soit
» pas privée de ses talens distingués. »

Paris, ce 25 février 1828.

Signé *Lemercier, Picard, Jouy, Duval, Casimir-Delavigne, Lebrun,*
Etienne, Ancelot, Soumet, Lucien-Arnaud, Casimir-Bonjour.

Ainsi, une partie des auteurs dramatiques les plus renommés
de notre époque témoigne hautement le désir de me voir conservé sur la scène à laquelle ils consacrent leurs ouvrages. La
majorité des Sociétaires du Théâtre a exprimé ses regrets sur
ma perte, me reconnoissant pour un acteur *utile*. A quelles
causes secrètes, à quels ennemis particuliers puis-je donc attribuer mon exclusion, si ce n'est aux hommes à qui est confiée la haute direction des Théâtres, si ce n'est à M. le Commissaire du Roi et à M. le Chargé des beaux-arts?

N'est-ce pas vous, Monsieur de Larochefoucauld, que je de-
vrais regarder comme le plus coupable auteur de tous mes re-
vers? Vous dont M. Taylor n'est que l'agent fidèle et le com-
plice subordonné; vous qui prétendiez manquer de fonds pour
me conserver mon état, lorsque tant de folles dépenses, tant
de marchés scandaleux, tant de prodigalités ruineuses ont signalé, depuis cette époque, votre funeste administration.

Et à quelle autre influence puis-je attribuer le silence que
gardent la plupart des journaux sur toutes vos iniquités? Ces
mêmes feuilles qui signalaient autrefois avec tant d'ardeur
les vices de votre administration, ne font-elles pas présumer,
en les taisant aujourd'hui, que vous avez été plus heureux
auprès d'elles, que lorsque vous vouliez gagner le *Mercure*, et
tenter d'autres conquêtes de ce genre, au profit du ministère
corrupteur que vous serviez?

Ainsi, lorsque la France vient d'être délivrée du joug de la
censure et trouve dans la liberté de la presse un palladium
contre l'oppression, les comédiens seuls se voient interdire les

bienfaits d'une publicité accordée à toutes les autres classes de citoyens. Les Ministres déchus n'ont pu, malgré toute leur puissance, lutter contre cet ennemi terrible. M. le Chargé des beaux-arts et son délégué, par leurs manœuvres et leurs accointances, sont parvenus à s'en rendre maîtres. Les feuilles les plus indépendantes, celles qui signalent avec le plus de persévérance nos maux politiques, qui se récrient avec le plus d'indignation sur les plaies profondes faites à l'industrie et au commerce, semblent voiler les coups non moins cruels portés aux arts et à la littérature dramatique. L'énumération de tous les actes d'iniquité et de corruption de M. Sosthènes de Larochefoucauld, la citation de tous les artistes victimes de son système d'absolutisme, m'entraîneraient trop loin ; je me réserve de les faire connaître plus tard*.

Seul sur la brèche pour attaquer un ennemi puissant, défenseur des droits des comédiens contre l'arbitraire d'un parti redoutable, abandonné, à la fois, des auteurs, des acteurs et des journalistes, trouverai-je plus de secours dans les hommes de loi ? Parviendrai-je à éclairer suffisamment la magistrature, sur une cause différente de toutes celles qui ont été présentées jusqu'à ce jour devant elle, et qui doit nécessairement se ressentir du désordre et de l'irrégularité apportés dans l'administration du Théâtre ?

La *Comédie-Française* est un théâtre à part, distinct de tous les autres par son rang comme par ses statuts, soumis à une législation spéciale, et où les droits et les obligations de chaque acteur sont fixés par des règlemens généraux, qui dispensent de donner aux engagemens particuliers plus de développement et de précision. Tous les comédiens savent que les premières années s'y consomment en dépenses et en sacrifices qu'aucun d'eux ne supporterait, s'il n'avait l'assurance d'en recueillir un jour le fruit. C'est l'interprétation de ces règlemens qui doit fixer l'opinion de mes juges ; c'est de l'esprit

---

* On en trouvera quelques exemples dans l'*Examen critique* du curieux discours prononcé par M. le Vicomte, à la Chambre des députés.

des lois qui régissent la Comédie-Française qu'ils ont à se
pénétrer, pour reconnaître mes droits aux dédommagemens
que je réclame. Leur équité appréciera aussi la valeur des
considérations morales qui se rattachent à ma cause. Dans un
état où le premier devoir est de plaire au public, de convenir
aux auteurs dont on est l'organe, d'être estimé des acteurs
auxquels on s'associe, quels titres plus puissans ai-je à opposer aux misérables chicanes qu'on me suscite, que les témoignages favorables obtenus des uns et des autres !

Innocent de toutes les persécutions que j'éprouve, M. le
vicomte de Larochefoucauld *ne peut pas*, dit-il, *forcer la main.
à une Société libre.* Non, Monsieur le Vicomte, fût-elle affranchie de votre joug, elle ne serait point encore libre ; elle a
des comptes à rendre au public qui la soutient, au Pouvoir qui
la subventionne, et qui est chargé de la maintenir dans la voie
de la justice. Vous ne trouvez point autant de difficulté à ma
rentrée à l'Odéon, qui cependant dépend moins de vous, depuis que vous l'avez mis en Direction, et où vous m'offrez maintenant de m'engager, à la condition que je renoncerai à toutes
mes poursuites.

Mes plaintes ne me mèneront à rien, dites-vous. Je sais que
les magistrats, astreints aux formes légales, se voient souvent
avec douleur forcés de résister à l'impulsion de leurs sentimens ; je sais que les argumens les plus puissans en morale et
en logique, ne sont pas toujours suffisans en droit ; que les titres
les plus convaincans pour la raison, ne le sont pas quelquefois
assez pour la Justice. Aussi, ai-je moins signalé mes griefs
dans l'espoir d'en obtenir réparation, qu'afin d'offrir un exemple
de l'arbitraire et du despotisme auxquels sont condamnés les
hommes de ma profession. J'ai prévu qu'en servant la cause
commune, ce serait sans doute à mes dépens ; je me doutais
que je soulèverais contre moi bien des haines ; que peut-être
même j'offenserais ceux dont je défendais les intérêts. Mais
si je parviens à éclairer le public, à obtenir son approbation,
j'aurai gagné ma cause. Que je quitte le Théâtre, ou que je

sois réduit à rejoindre sur le sol étranger * les artistes re-
poussés de la France par le vandalisme qui l'envahit, j'empor-
terai cette idée consolante, que mes révélations n'auront peut-
étre pas été inutiles aux intérêts d'un art qui a si long-temps
concouru à l'illustration de mon pays.

---

* Pendant qu'en France, un gouvernement réactionnaire arrêtait les progrès
de la liberté et des lumières en étendant ses proscriptions jusque sur les théâtres
et sur l'institut ; en Belgique, un Prince libéral et éclairé répandait l'instruction dans les dernières classes du peuple, donnait asile à tous nos proscrits, et
disait à Talma, venu pour consoler David dans son exil : *jouez ; je ne fais point
la guerre aux hémistiches.* Le digne fils de Guillaume, le Prince d'Orange appelait à lui tous les talens, applaudissait nos premiers artistes, et accueillait dans
son palais l'auteur de *Marius.*

Victor qui, après ses débuts au Théâtre-Français, avait donné de brillantes représentations sur cette terre hospitalière, conçut le projet d'élever à Bruxelles,
en 1830, un théâtre consacré à la tragédie et aux ouvrages de haute littérature,
bannis de la France par la censure. Déjà même, il avait donné un commencement d'exécution à ce projet, en ralliant autour de lui plusieurs jeunes acteurs
de Paris ; mais bientôt la révolution Belge vint y mettre obstacle, en livrant ce
pays à la domination sacerdotale de l'obscurantisme.

CONSULTATION.

...... « N'AYANT point à s'expliquer sur les motifs secrets de l'ex-
» clusion de M. Victor, ni sur les procédés qui l'ont accompagnée,
» ne devant l'envisager que sous le point de vue légal, le Conseil sous-
» signé, d'après l'Ordonnance Royale de 1766, à laquelle il n'est pas
» dérogé par les règlemens postérieurs, et qui conserve dès-lors
» toute sa vigueur, est d'avis que M. Victor, auquel cette exclusion
» enlève son état, qui a rempli ses trois années d'essai, et qui, loin
» d'avoir vu ses dispositions se démentir, a au contraire été constam-
» ment environné de la faveur publique, est fondé à demander la ré-
» paration du préjudice grave qui en résulte pour lui, à ceux qui
» l'ont causé.

» Repoussé illégalement comme sociétaire, rejeté plus illégalement
» encore comme pensionnaire, M. Victor a le droit de se plaindre
» vis-à-vis du Comité, ou plutôt de M. le Commissaire du Roi, de l'il-
» légalité dont il est la victime. Celui-ci, s'étant à son égard porté
» fort pour la Société, est responsable du préjudice que le consultant
» éprouve, et ne pourrait échapper à cette responsabilité, que tout
» autant qu'il rapporterait *un avis motivé*, émané de chaque Socié-
» taire, constatant qu'ils renvoient M. Victor *comme inutile*.

» Il y a plus ; cet avis fût-il rapporté, la responsabilité de M. le
» Commissaire du Roi resterait toujours la même. Des faits exposés
» dans le Mémoire de M. Victor, il résulte en effet que ce fonction-
» naire s'est engagé, aux termes des Ordonnances Royales, à le faire
» recevoir sociétaire après le temps d'épreuve écoulé, et que c'est
» seulement dans cette espérance que M. Victor a consenti ses trois
» engagemens successifs. Or, que maintenant ce soit ou non par
» le fait de M. le Commissaire du Roi que la promesse de cette ré-
» ception ne s'est pas réalisée, peu importe ; le fait est qu'elle a existé,
» et que cette obligation, comme toutes celles de ce genre, *de faire*
» *ou de ne pas faire, se résout de droit, en cas d'inexécution, en dom-*
» *mages et intérêts*, dont l'importance doit être calculée sur le pré-
» judice qu'en éprouve le consultant. (Art. 1142 du Code civil.)

» Ainsi donc, exclu illégalement de la Comédie-Française, M. Vic-
» tor a droit d'en demander raison à celui qui s'était engagé à faire

» observer à son égard les règlemens. Entretenu par M. le Commis-
» saire du Roi dans l'espoir d'être reçu sociétaire ; engagé sur la foi
» de ses promesses formelles dans une dépense considérable de temps
» et d'argent, il a le droit d'exiger qu'elles soient remplies, ou
» qu'une juste indemnité lui soit payée ; et quels que soient les juges
» appelés à prononcer, ils ne peuvent dénier une réparation qui lui
» est si légitimement due.

Délibéré à Paris, le 10 décembre 1827.

JOS. MÉRILHOU.

« Le Conseil soussigné, adhérant aux conclusions de son confrère,
» est d'avis que M. Victor est fondé à réclamer l'exécution du *rè-*
» *glement de* 1766. Il fera, en outre, observer combien est digne
» d'intérêt la position d'un artiste qui, ayant consacré sa jeunesse
» et ses efforts à acquérir des talens dans un genre difficile, et par
» cela même peu cultivé sur les théâtres ordinaires, se voit, après
» de longs travaux, une expectative pénible et des épreuves plus
» pénibles encore, frustré, par un refus d'admission, de la seule
» carrière qui pût s'ouvrir devant lui. L'artiste lyrique, l'acteur
» comique même, refusés sur un théâtre, ont une ressource dans
» les autres théâtres qui peuvent les accueillir ; mais, dans l'état
» actuel du genre tragique en France, il n'en existe guère pour
» l'acteur livré à ce genre, hors de la Scène Française.

» Raisonnant donc, d'après les faits exposés par M. Victor, le
» Conseil pense que cet artiste estimable souffre, de sa non admis-
» sion, un grave préjudice, et qu'il doit être entendu favorablement
» dans ses justes réclamations.

Délibéré à Paris, le 14 décembre 1827.

BERVILLE.

» Le Conseil soussigné adhère pleinement aux délibérations pré-
» cédentes. A ses yeux rien ne peut justifier, ni même expliquer la
» conduite tenue envers M. Victor, par le Comité du Théâtre-Fran-
» çais et par M. le Commissaire Royal.

» M. Victor, se trouvant dans le cas prévu par l'*Ordonnance de*
» 1766, maintenue par le règlement de 1816, relativement au
» temps d'épreuve, a dû être admis dans la Société. Le refus qu'on
» lui a fait éprouver est une véritable infraction à l'acte d'engage-
» ment et aux règlemens en vigueur. La justice à lui rendre main-

» tenant est de faire cesser cette infraction, ou de lui accorder des
» dédommagemens proportionnés au tort qu'elle lui cause.

» Il y a même, ici, autre chose à considérer que l'intérêt privé
» de M. Victor. Il importe au public et aux progrès de l'art drama-
» tique, qu'un acteur qui a rempli toutes les conditions auxquelles
» il s'est soumis, et dont les succès ont été constans, ne puisse
» être arbitrairement repoussé du théâtre par la jalousie de quel-
» ques comédiens, ou par le caprice d'un commissaire.

» Et, même en accordant à l'Autorité toute l'influence qui lui
» est nécessaire, toute la force dont elle a besoin, il y aura toujours
» dans l'espèce une distinction à faire, entre les fonctions de M.
» le Commissaire, qui se portent sur la surveillance générale du
» Théâtre, et les droits personnels et réciproques concernant les
» engagemens souscrits. Tout rentre alors dans le droit commun :
» l'acteur est obligé d'accomplir son traité ; de même que les agens
» de l'Autorité ou les mandataires de la Société doivent l'accomplir
» envers lui ; et c'est dans ce cas que la loi deviendra essentielle-
» ment l'appui et la protectrice de l'industrie et du talent. »

Délibéré à Paris, le 14 décembre 1827.

ROUTHIER.

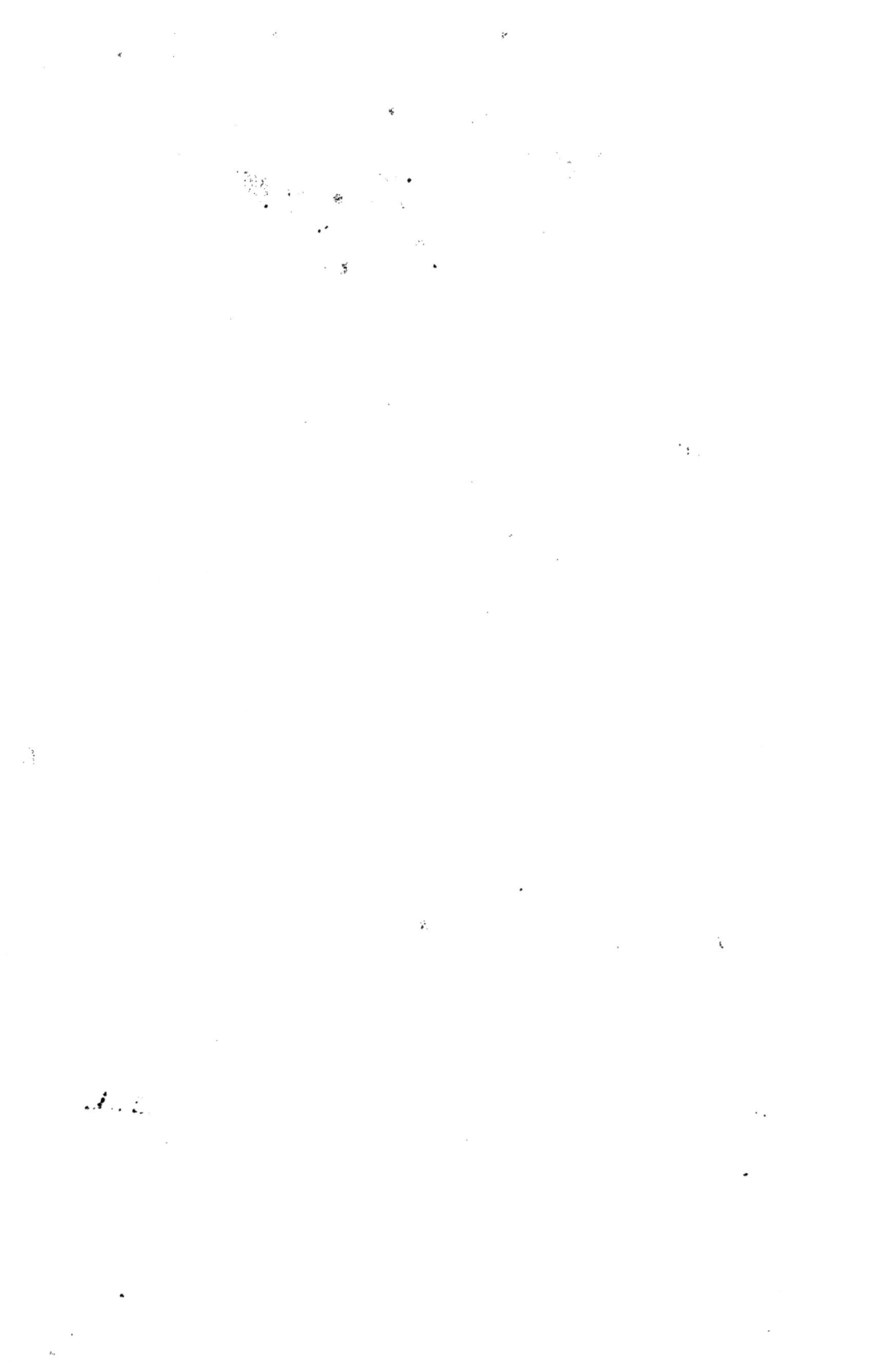

PÉTITION

A LA

CHAMBRE DES DÉPUTÉS,

CONTRE

L'ADMINISTRATION DU THÉATRE-FRANÇAIS.

1828.

9

PÉTITION, sur la nécessité de donner aux Théâtres une organisation qui préserve l'art dramatique de la ruine dont il est menacé ; — l'abolition des ordonnances illégales auxquelles les Comédiens sont assujettis, en opposition avec la Charte ; — les réparations personnelles que réclame le pétitionnaire, exclu arbitrairement du Théâtre-Français, au mépris des statuts du Théâtre et des conventions de M. le Commissaire royal.

MESSIEURS,

TOUTES les gloires de la France vous intéressent. Les arts ne contribuent pas moins que les lois à la prospérité d'une grande nation; et le Théâtre est peut-être celui de tous qui peut exercer, sur l'esprit et sur les mœurs, l'empire le plus puissant. Il s'est élevé, chez nous, à un degré de splendeur envié de tous les peuples éclairés. Des hommes qui en redoutaient l'influence, profitant habilement de tous les moyens de nous replonger dans la barbarie et dans les ténèbres, ne se sont pas bornés à opposer à son essor les entraves de la censure; ils n'ont cessé, depuis six ans, de travailler dans l'ombre et par des voies secrètes, à sa dégradation et à sa ruine.

Les théâtres, au milieu des graves intérêts qui vous occupent, ne sauraient vous être indifférens; vous ne dédaignerez point de porter un regard sur les dangers qui les menacent, et sur les secours qu'ils sollicitent. Une enquête auprès de S. E. le Ministre de l'intérieur et de M. l'Intendant-général de la

9.

Maison du Roi, vous mettra à portée de vous convaincre de la situation déplorable dans laquelle ils sont plongés. Vous sentirez la nécessité de leur donner enfin une organisation qui les préserve d'une ruine totale, et de mettre les hommes livrés à la culture de cet art brillant et utile, à l'abri de l'arbitraire des administrations illégales auxquelles ils sont assujettis.

Victime de cet ordre de choses, j'ai l'honneur de vous exposer les actes d'iniquité que j'éprouve, comme un exemple de l'oppression qui pèse sur les artistes dramatiques. Dépouillé de mon état, après onze ans de travaux; repoussé de la Comédie-Française, malgré l'accueil dont le public m'honore, au mépris des statuts qui la gouvernent, et des engagemens qui m'ont été souscrits, je me vois réduit, pour y rentrer, à invoquer le secours des Tribunaux, et à courir les chances d'un procès long et onéreux. J'ai recours à votre puissante intervention, comme à la dernière voie qui me reste, pour prévenir ces débats pénibles; et j'ose me flatter, qu'après avoir pris connaissance du MÉMOIRE que j'ai l'honneur de joindre à ma requête, vous voudrez bien me faire rendre la justice que je réclame.

Tel est l'état des théâtres de province, qu'il ne permet plus d'y jouer la tragédie et la haute comédie, et qu'exclu du Théâtre-Français, je me trouve privé de toutes les ressources que me présentait ma profession. C'est peu d'être livrés aux envahissemens du mélodrame et des pièces du genre le plus faux et le plus futile; ils sont encore poursuivis par les déclamations des missionnaires, abandonnés des magistrats qui n'osent pas même les protéger de leur présence.

Entre autres causes qui contribuent puissamment à leur désorganisation, il en est une qui n'est peut être point assez remarquée : c'est la diversité des Pouvoirs auxquels ils sont confiés ; c'est le défaut d'unité qui existe dans leur administration. Livrés à des Autorités différentes, divisées d'intérêts et d'intentions, les uns sont placés sous la surveillance du Ministère de l'intérieur, les autres sous la dépendance d'un Premier-Gentilhomme de la Chambre, ou d'un Chef de département de la Maison du Roi.

Il en résulte une confusion funeste. Une même autorité, celle du Ministre de l'intérieur, aurait dans ses mains tous les moyens de les sauver ; elle les dirigerait avec un ensemble profitable à tous, et dans le but commun de la prospérité de l'art.

Le sort des acteurs ne réclame pas moins d'intérêt que l'administration des théâtres : de l'émulation accordée aux uns, dépend la prospérité des autres. Aux termes de la Charte, tous les Français, quels que soient leurs rangs, sont égaux. Cependant, il est une classe d'hommes placée, par le fait, hors du droit commun : les comédiens, malgré la protection de la loi, n'en sont pas moins séparés du reste de la société par des règlemens particuliers, asservis à des ordonnances administratives, à des usages arbitraires qui leur interdisent souvent les voies légales, ouvertes aux autres citoyens.

Cette oppression contribue à entretenir un préjugé qui les humilie de leur vivant, et les flétrit encore après leur mort. Une troupe de comédiens est soumise à une sorte de législation militaire, à une sévérité de discipline que rien ne motive et ne justifie. De quel droit, à l'aide d'un règlement de police, ou d'une ordonnance des Menus-plaisirs, les condamne-t-on, encore aujourd'hui, sans aucune forme de procès, *aux arrêts* et *à la détention ?* En vertu de quels titres un Conseil judiciaire s'est-il institué dans le sein des Théâtres Royaux, pour juger de leurs différens, et leur interdire l'accès des Tribunaux ?

C'est surtout, Messieurs, sur le premier théâtre de la nation, sur ce sanctuaire de notre littérature dramatique, que je crois devoir appeler votre attention, parceque c'est peut-être celui de tous où il règne le plus d'abus ; parcequ'il est destiné à servir de modèle et à donner la direction aux autres ; parceque c'est sur lui qu'un parti ennemi a plus particulièrement dirigé ses coups. Faut-il s'en étonner ? La haute comédie attaque les vices de tous les rangs ; *la tragédie* reproduit la politique des hommes d'État ; elle est peut-être plus philosophique et plus instructive que l'histoire. Un de nos premiers poètes, Chénier, avait la persuasion *que nulle espèce d'ouvrage ne pou-*

vait avoir autant d'influence sur l'esprit public. Aussi n'est-il point d'efforts que n'ait tentés le Ministère déchu, notamment par son agent M. Taylor, pour en détruire l'effet, et pour rabaisser la Scène Française au niveau de tous ces théâtres qui ne parlent qu'aux sens, et n'offrent aucun aliment à la pensée.

Le Fonctionnaire à qui la haute direction de ce théâtre important est confiée, siége parmi vous. Demandez-lui ce que, depuis trois ans, il a fait pour son bien et pour sa gloire; ce qu'il a prétendu, en introduisant, jusque dans son sein, ce système de corruption et d'arbitraire qui, sans votre secours, envahissait la France entière ; pourquoi tel comédien est comblé de ses largesses, et tel autre languit dans le besoin; pourquoi tant de chefs-d'œuvre, dignes d'une éternelle admiration, y sont représentés avec une négligence et une mesquinerie qui en dégoûtent le public; tandis que les ouvrages les plus faibles et les plus informes y sont montés à grands frais, et avec tout l'appareil susceptible de séduire la multitude.

Demandez-lui ce qu'il a fait d'une des plus belles institutions de notre époque, de ce second Théâtre-Français, depuis si long-temps désiré de tous les amis de l'art dramatique, et auquel il a enlevé les ouvrages et les acteurs les plus capables de le soutenir; ce qu'il a fait de l'Ecole royale de déclamation, qui, malgré ses défauts, n'en a pas moins produit la plupart des sujets dont se glorifient aujourd'hui nos premiers théâtres.

Demandez-lui comment il est parvenu à obtenir, des journaux qui signalaient avec le plus d'indépendance les vices de son administration, leur silence et même leurs éloges; comment enfin il interdit le secours de la publicité aux artistes qu'il dépouille de leur état, et dont il confisque en quelque sorte le talent, la plus sacrée des propriétés.

Il vous répondra que ses intentions sont méconnues; qu'il n'a rien fait que dans l'intérêt de l'art; qu'il ne désire rien tant que la prospérité du Théâtre-Français; qu'il l'a même comblé de bienfaits; car il a aussi *sa loi de justice et d'amour;* et, au besoin, ses protégés témoigneront de la reconnaissance

qui lui est due. Oui, Messieurs, il est vrai, M. le Chargé des
beaux-arts a versé des sommes énormes dans le sein de la Co-
médié-Française, comme dans celui de l'Opéra et du Théâtre-
Italien. Oui, les arts et les lettres ont porté trop d'ombrage à
l'administration dont il faisait partie, pour n'avoir pas eu aussi
leur part dans le déficit que vous déplorez; et lorsque tant
de millions ont été divertis, pour ravir à la France ses institutions les plus nobles et les plus glorieuses, la ruine des théâtres
n'a pu être omise sur le budget des dilapidations du Trésor*.
Oui, M. le Chargé des beaux-arts vous répondra, pour me
servir de ses expressions, qu'il a fait, en faveur du Théâtre-
Français, *au-delà de ce que lui permettaient ses facultés*. Mais
vous dira-t-il dans quel but il s'est montré si libéral? comment
les fonds qu'il lui a prodigués ont été employés? Comme ceux
du Pouvoir qu'il servait : à corrompre, à perdre, à détruire**.

Si mes assertions sur l'état déplorable de la Scène Française
laissaient dans votre esprit quelques doutes, si le silence actuel des feuilles publiques vous imposait, voici ce qu'écrivait,
il y a quelque temps, un de leurs rédacteurs les plus distingués, membre aujourd'hui de votre assemblée :

« Mes tristes pressentimens se sont accomplis. Ce bel éta-
» blissement littéraire qui était l'orgueil de la France, qui at-
» tirait au milieu de nous l'Etranger tributaire de nos arts, le
» Théâtre-Français, si riche de souvenirs et de chefs-d'œuvre,
» s'éteint tristement au milieu des trésors dramatiques que le
» génie de deux siècles a accumulés autour de lui. Il avait
» survécu à nos orages politiques; il ne résistera pas à nos
» Welches nouveaux. »

On ne saurait se le dissimuler, la Scène Française réclame
les secours les plus prompts. Chaque jour voit une pierre se

* On porte jusqu'à 800,000 fr. le déficit qui existait dans la caisse de l'Opéra.
** M. Sosthènes de Larochefoucauld était du nombre des agens du parti roya-
liste qui, par un décret de 1815, furent déclarés *traitres à la Patrie* pour être
jugés et punis comme tels, avec les Raguse, les Talleyrand, les Bellard, qui
avaient concouru au renversement du gouvernement impérial, en livrant la
France aux puissances ennemies.

détacher de sa base, et menacer l'édifice d'un écroulement prochain. Est-ce à la suite de quatorze années de paix que la France laisserait ainsi dépérir l'art de Corneille et de Molière? Le Théâtre-Français ne serait-il plus admiré et protégé qu'à Londres, à Berlin, à Pétersbourg, où l'élite de la société et les personnages les plus augustes s'empressent de l'honorer de leur présence? C'est à vous, Messieurs, qu'il appartient de le relever; c'est à la Chambre de 1828 qu'est réservée cette tâche nationale.

Qu'une administration protectrice et juste soit appelée à le gouverner, j'aurai atteint le but de mes réclamations personnelles, j'aurai obtenu la réparation que je désire; car cette administration ne refusera pas à un acteur, éprouvé par des succès constans, l'avantage de lui consacrer ses services; elle ne lui contestera pas des droits fondés, sur les conventions les plus positives et sur les engagemens les plus sacrés.

Paris, le 14 juin 1828.

SÉANCE DU 11 AVRIL 1829.

... M. Daunant, rapporteur de la Commission des pétitions, a la parole :

« Le sieur Victor, ancien acteur du Théâtre-Français, se plaint
» des mesures qui l'ont privé de son état ; et demande une nouvelle
» organisation des Théâtres. (Mouvement de curiosité.)

» Le sieur Victor, par suite de démêlés qu'il a eus avec ce théâtre,
» en a été exclu arbitrairement, à ce qu'il assure : il a recours à la
» voie des Tribunaux ; un renvoi prononcé par la Chambre devien-
» drait donc sans objet. Mais quant à la partie de sa pétition, relative
» à la demande d'une réorganisation des Théâtres, votre Commis-
» sion n'a pu se dissimuler que le sort des Comédiens était réglé
» par des *mesures exceptionnelles* qui pouvaient encourir, à juste
» titre, le reproche de confusion et d'arbitraire.

» Pour s'en convaincre, il n'y a qu'à jeter les yeux sur les dispo-
» sitions pénales de l'Ordonnance relative à l'administration du
» Théâtre-Français. Les peines applicables aux acteurs pour fautes
» de service sont : les amendes qui, dans certains cas, s'élèvent
» jusqu'à 500 fr., l'expulsion momentanée ou définitive du théâtre,
» la perte de la pension, et les arrêts. Voici quels sont les juges
» qui prononcent ces peines. S'il s'agit d'une amende au-dessous de
» vingt-cinq francs, de l'exclusion des assemblées générales, la
» peine est prononcée par le Comité, présidé par le Commissaire
» Royal qui peut appeler de la décision au Surintendant, en cas
» d'acquittement ; mais il ne paraît pas que la même faculté soit
» donnée au prévenu, en cas de condamnation. Quant aux peines
» plus graves, elles sont prononcées par le Surintendant *seul*, sur le
» rapport du Commissaire du Roi.

» Nous pensons bien que M. le Chargé des beaux-arts n'use pas
» de tous ses privilèges, et en particulier de ceux qui sont en dés-
» accord avec la première de nos lois, la Charte, qu'il chérit et
» respecte comme nous. Il y a même telle de ces peines qu'il serait
» heureusement impossible de faire exécuter. Quel est le gendarme
» ou le geôlier qui consentirait à détenir un citoyen, sur la simple
» réquisition du Directeur des beaux-arts ?

» Toutefois, un pareil ordre de choses forme une anomalie cho-
» quante dans notre législation ; et les Comédiens peuvent justement
» se plaindre d'être régis par des dispositions qui n'ont pas même
» pour excuse d'être basées sur une loi. Une nouvelle révision de
» ces règlemens paraît donc indispensable.

» Le Pétitionnaire se plaint aussi de la décadence du Théâtre-
» Français ; il en voit la cause dans la législation exceptionnelle que
» nous venons de vous signaler, dans la diversité des Pouvoirs aux-
» quels son administration est confiée ; il pense qu'il conviendrait
» de le placer entièrement, ainsi que les autres théâtres, dans les
» attributions du Ministère de l'intérieur.

» Votre Commission, Messieurs, a dû accueillir avec intérêt
» des observations qui avaient pour but de sauver de la décadence
» le plus ancien et le plus illustre de nos théâtres. Elle ne se con-
» stitue pas juge des moyens indiqués par le sieur Victor ; elle
» n'examine pas s'ils atteindront le but qu'il se propose ; mais du
» moins l'Autorité se sera mise à l'abri de tout reproche, si elle ac-
» corde aux Comédiens ce que tous les Français ont le droit de ré-
» clamer : la liberté et le droit commun.

» Sous ces divers rapports, et sans s'occuper des réclamations
» qui sont particulières au sieur Victor, la Commission vous pro-
» pose le renvoi de sa pétition à M. le Ministre de l'intérieur. »

La Chambre ADOPTE CE RENVOI, A L'UNANIMITÉ. M. Sosthènes de
Larochefoucauld lui-même déclare qu'il ne s'y oppose nullement. Il
ne connaissait pas, dit-il, l'existence de cette pétition, et il n'était
point préparé à y répondre. Il se borne à remercier M. le Rapporteur d'avoir rendu justice à ses sentimens d'amour pour la Charte,
et à annoncer à la Chambre que, quoique dans une position *très
difficile et très délicate*, il va aviser au moyen de relever un Théâtre
qui, à ses yeux, fait partie de notre gloire nationale.

EXAMEN CRITIQUE

DU DISCOURS PRONONCÉ

A LA CHAMBRE DES DÉPUTÉS,

LE 19 JUILLET 1816,

PAR M. LE VICOMTE DE LAROCHEFOUCAULD,

CHARGÉ DU DÉPARTEMENT DES BEAUX-ARTS.

1828.

M. le vicomte Sosthènes de Larochefoucauld a prononcé, l'année dernière, à la Chambre des députés, un long panégyrique de son administration, auquel il n'eût pas été, alors, très à propos de répondre : fatiguée d'une session de huit mois, la Chambre y aurait fait peu d'attention; et il était d'ailleurs à espérer que le Pouvoir le plus funeste qui ait jamais pesé sur les arts et sur les lettres, ne tarderait pas à être renversé. Mais, deux ans encore après la chute du Ministère dont il était un des agens les plus dévoués, M. le Chargé des beaux-arts voit sa puissance se maintenir. La discussion du budget va fournir l'occasion de rappeler l'intérêt des députés sur la triste situation de nos théâtres. Déjà ils viennent d'accueillir favorablement mes réclamations. J'ai cru que c'était le moment de reproduire un discours qui, n'ayant pas été écouté, n'est pas aussi connu qu'il le mérite. C'est rendre service à son pays que de démasquer les hommes qui emploient les deniers pu-

blics à perdre les arts et à corrompre les artistes; c'est honorer la représentation nationale, que de lui signaler les abus
de pouvoir d'un de ses membres que, dans son sein même,
en impose par des paroles que contredisent toutes ses actions.

Mais doit-on s'étonner que M. Sosthènes de Larochefoucauld vienne vanter à la tribune *son équité et son amour des
beaux-arts*, lui qui, après un dévouement sans bornes à l'ancien Ministère, ne s'était pas fait scrupule de déclarer, depuis
sa chute, que la mission de le défendre n'était pas française!
« Son noble père (dit un journal), avait déjà proclamé cette
» vérité autrement que par des paroles, lorsque, par une gé-
» néreuse retraite, il se sépara de cette administration. Mais
» celui qui en avait adopté le système, au point de se faire
» l'acheteur des journaux pour le compte de M. de Villèle,
» a-t-il bien le droit de le flétrir! »

Quelques jours avant que M. le Vicomte se fît entendre, un
des députés les plus experts en matière théâtrale, M. Etienne,
avait demandé que la Direction des Théâtres Royaux fût retirée à M. le Chargé des beaux-arts, pour être confiée au
pouvoir régulier et légal du Ministère de l'intérieur. Il s'éton-
nait qu'un gouvernement aussi mondain que celui des coulisses fût obstinément conservé par un personnage *aussi austère.*
« Je ne viens certes pas me plaindre (disait-il), des sacrifices
» que fait le Trésor pour une des branches les plus intéres-
» santes de la littérature nationale; mais il m'est permis de
» douter que l'emploi en soit justifié par le succès qu'on devait
» espérer d'une telle générosité. » L'attaque est forte; mais
elle n'a pas démonté M. le Chargé : il n'en a pas moins soutenu
intrépidement que toutes les parties de son administration
se trouvaient dans l'état le plus prospère.

M. Sosthènes de Larochefoucauld commence son discours
par annoncer : qu'il ne répondra pas aux accusations de son
collègue, qu'il appelle des critiques peu définies; que ce serait
presque les avouer. En conséquence, il né les avoue, ni ne
les réfute; il saute par-dessus, et met la question de côté. Il fait

un long tableau de ses dépenses, pour prouver que tous les fonds qu'il a eus en main ont été employés; ce que personne ne lui conteste; mais il se garde bien de dire quel emploi il en a fait; et c'est ce qu'on eût vivement désiré savoir. Le motif de son silence, c'est qu'il ne doit compte qu'au Roi de ses actes administratifs. — « S'il veut bien donner quelques explications » sur le reste, c'est pour montrer à la Chambre la confiance » illimitée qu'il a en elle. La Chambre lui saura peut-être gré » d'outrepasser ses obligations envers elle, en entrant dans » des détails que, strictement, il ne serait pas tenu de lui » soumettre. »

Un fonctionnaire public, un député constitutionnel ose, devant ses collègues même, tenir un semblable langage! Il dispose à son gré des deniers de l'Etat; et il a l'audace de déclarer qu'il n'a aucun compte à en rendre! Il faut convenir que les amis de l'orateur lui ont rendu un grand service en entretenant dans l'assemblée des conversations qui ont empêché de l'entendre.

« Je me bornerai aux faits généraux et aux considérations » les plus importantes (dit-il ensuite). Je ne vous entretiendrai » pas de l'utilité des théâtres, du parti qu'une Direction » éclairée peut en tirer pour la politique; je ne combattrai pas » non plus la prévention qui s'élève contre le [privilége dont » jouissent quelques-uns d'entre eux. » — Et que nous direz-vous donc? Il me semble cependant que ce sont là des détails assez *importans* pour être traités. Probablement la Chambre aurait été charmée d'apprendre de vous le parti qu'on peut tirer des théâtres *pour la politique,* et de voir comment vous savez défendre *les priviléges.* Mais M. le Chargé a souvent l'esprit de se taire. Il va nous faire connaître *ses efforts pour arriver à des résultats d'ordre, d'économie, et aussi de gloire nationale.*

Ecoutez la profession de foi qu'ose faire, à la tribune nationale, le destructeur de l'art dramatique en France, *l'amortisseur* de la pensée, l'exécuteur littéraire des Villèle et des Corbière!

« Justice égale pour tous ; jamais ni arbitraire ni faveur,
» ne reconnoissant de droits réels qu'au mérite et aux ser-
» vices rendus ; implacable contre les abus, décidé à les ré-
» primer, n'importe d'où ils viennent ; une grande économie
» dans la distribution des fonds, mais aussi, avec le sentiment
» de ce qui est beau, de ce qui est grand, et de tout ce qui
» peut contribuer à la gloire du Roi et à celle du pays ; fixer
» un but, et suivre ensuite avec une invincible persévérance
» la marche qu'on s'est tracée ;... voilà, dans mon opinion, les
» principes d'après lesquels doit marcher un administrateur
» qui désire laisser de son passage dans les affaires quelques
» traces utiles. »

Voilà certes un tableau qui présente le beau idéal de la conduite administrative. Nous allons voir comment M. le Vicomte
a mis en pratique ces belles maximes ; comment il a repoussé
l'arbitraire et la faveur ; avec quelle *économie* il a distribué les
fonds du Trésor ; comme il a témoigné son amour *pour tout ce
qui est beau et grand, pour tout ce qui intéresse la gloire de son
Roi et de son pays.* Je répondrai par une citation de faits à l'é-
loquence de ses paroles.

M. le Chargé passe successivement en revue les quatre
Théâtres Royaux confiés à ses soins, l'Opéra, le Théâtre-Français, le Théâtre-Italien et l'Odéon. Il voudrait peindre l'état
déplorable dans lequel il a pris le premier ; mais il ne parle pas
de nous montrer celui dans lequel il le laissera. Selon lui,
l'Opéra est *la partie la plus importante, comme la plus difficile de
l'administration théâtrale.* A ses yeux le théâtre de Corneille
et de Molière ne tient qu'un rang secondaire. Il s'est particulièrement attaché à y réformer les abus de tout genre ; et les
artistes l'ont souvent remercié *des mesures qu'il prenait,* dans
l'intérêt de l'art et de la morale. On sait que, par un arrêt mé-
morable, l'austère Directeur a enjoint au costumier de prendre
ses mesures pour qu'à l'avenir, les tuniques des danseuses
fussent allongées de plusieurs pouces.

« Je le dirai franchement, (dit M. le Vicomte, avec cette fierté

» qui plaît dans les âmes fortes), une considération devait domi-
» ner à mes yeux toutes les autres, même celle de l'économie :
» celle des convenances publiques. Il a fallu du caractère peut-
» être... il en a fallu beaucoup ! Le soin de prescrire dans les
» théâtres une rigoureuse décence rentrait dans le dessein
» général de mieux fixer l'état des artistes dramatiques, et de
» les soustraire peu à peu à d'anciennes dispositions qui ne
» sont plus en harmonie avec nos mœurs sociales, et même
» peuvent quelquefois produire des désordres et des embarras
» politiques. » — Hommes d'Etat, législateurs, moralistes, avez-
vous jamais connu le secret d'arriver à de plus grands résultats dans l'ordre social, avec des moyens plus simples et plus
innocens? et vous, artistes dramatiques de tous les rangs,
de la Capitale et des provinces, vous doutiez-vous que, des mesures prises par M. Sosthènes de Larochefoucauld sur les danseuses de l'Opéra, dépendaient votre honneur, votre repos, la
gloire et l'intérêt de votre état?

Du moral l'orateur passe au matériel. Il annonce à la
Chambre que le chauffage de l'Opéra a *subi* de notables améliorations. Mais il est une partie, dit-il, qui n'est point accessible aux économies, qu'il n'est au pouvoir d'aucun administrateur de fixer : *la quotité des traitemens.* On voit que M. le
Vicomte sait se mettre à l'aise : il est commode de se retrancher dans un champ aussi vaste. Si le plus souvent il y a
dans son langage de la ruse et de la dissimulation, il y règne
aussi quelquefois de la naïveté et de l'abandon. Après avoir
rejeté sur la caisse des pensions et sur les anciens règlemens
les dépenses qu'il a eu à soutenir, il lâche enfin le grand mot;
il avoue le *déficit;* et voici comment il le justifie :

*Le déficit de l'Opéra, dont on a fait tant de bruit, n'a eu pour
cause principale que l'insuffisance des subventions, toujours con-
nue et signalée d'avance.* Il y a dans cet aveu une ingénuité qui
touche; on est tenté de plaindre le pauvre Directeur, de *l'insuffisance* des fonds qui lui sont alloués, et d'en doubler la quotité
pour lui épargner le bruit d'un nouveau déficit.

Nous voici à la Comédie-Française : *il fallait*, dit M. le Chargé, *y conserver l'ancien répertoire, et favoriser les chefs-d'œuvre de notre littérature.* Oui, sans doute, il le fallait; mais prétendriez-vous l'avoir fait? vous qui, depuis six ans, avez tout mis en œuvre pour les perdre ; vous qui les laissez représenter de manière à les rendre méconnaissables ; vous qui les faites journellement décrier par les feuilles romantiques de votre coterie, et qui les avez sacrifiés aux pièces les plus indignes de la Scène Française!

Il fallait aussi respecter les droits sacrés des Sociétaires. Ah! Monsieur le Vicomte, ne vous souvient-il plus d'une Ordonnance que votre délégué lut solennellement à ces messieurs et à ces dames, en uniforme et l'épée au côté, à l'époque où Feydeau semblait devoir donner le signal de la dissolution de toutes les Sociétés théâtrales? Ne vous souvient-il plus que vous n'avez retiré qu'à regret cette Ordonnance qui souleva contre vous tout le Comité? Eh! vous n'avez fait autre chose que d'empiéter sur les droits des Sociétaires, en violant à chaque instant leurs règlemens, et en leur imposant pour commissaire un homme qui s'est rendu leur maître absolu! Et qu'entendez-vous par ces droits? Si vous n'y voyez que celui de se partager le produit des recettes, conformément aux actes sociaux, je ne veux pas le contester ; il importe d'ailleurs fort peu aux intérêts de l'art. S'il s'agit du droit d'administrer le premier théâtre de la nation, de disposer du sort des auteurs et de celui de leurs ouvrages, vous auriez bien tort de vous faire tant de scrupule de le respecter.

Il a fallu donner des décorations et des costumes. Oui, il aurait fallu en donner à ces chefs-d'œuvre, l'honneur de la France, que vous prétendez favoriser, et que vous abandonnez à la mise en scène la plus repoussante; non pas à ces pièces bâtardes et futiles, l'objet de toutes vos prédilections. Alors seulement, les sommes considérables prodiguées au Commissaire-décorateur qui régit la Scène Française eussent été bien employées.

Il a fallu donner des traitemens supplémentaires aux principaux acteurs, et destiner une somme pour la garantie des parts. Il fallait les laisser gérer librement leurs intérêts, veiller à ceux de l'art et du Théâtre; et alors vous n'auriez pas eu de supplémens à donner, ni de parts à garantir. C'eût été plus conforme aux principes d'économie que vous prétendez suivre.

Il a fallu décider la formation d'une seconde troupe. Et par quelle nécessité? Fallait-il d'ailleurs que cette troupe fût précisément celle de l'Odéon? N'est-il pas évident que vous n'avez incorporé l'une dans l'autre, que pour détruire le second Théâtre-Français, pour arrêter les heureux effets qu'attendait l'art dramatique de la concurrence des deux Théâtres? Et vous venez parler de l'utilité de l'Odéon, de son importance pour le quartier et pour les jeunes gens des écoles, lorsque vous n'avez cessé de travailler à sa ruine, lorsque, trois fois, vous l'avez réduit à fermer ses portes! Avant peu vous aurez raison de dire que les Théâtres Royaux ne peuvent subsister sans la totalité des subventions que vous réclamez, car les entraves que vous apportez à leur prospérité les auront bientôt réduits à l'impuissance de rien gagner par eux-mêmes.

Pour le Théâtre Royal *Italien et Anglais*, l'orateur diplomate déclare: — « qu'il n'a pas besoin de développer les motifs de » *haute politique* qui militent en faveur de sa conservation. On » connaît les traitemens énormes qu'il faut accorder aux chan- » teurs. » — Tout est justifié par ce mot. Cette énormité de traitemens est commandée par des causes dont il peut, dit-il, se passer de rendre compte.

Mais voici qui dépasse tout ce que M. le Chargé avait encore osé dire de plus inconcevable. — « Ces dépenses ne sont pas » moins nécessaires *pour l'Ecole royale de musique et de décla-* » *mation*... Cette école est indispensable aux théâtres : sans elle, » comment se recruteraient-ils? » — Et dans le moment où il tenait ce langage, il avait supprimé l'Ecole de déclamation depuis un mois! Quant à celle de musique, il est juste de le dire, elle a été plus favorisée. En donnant à un maître de chant, appelé de l'Italie, un traitement de vingt mille francs, il s'est montré pour elle moins rigide observateur des lois de l'économie.

L'orateur finit par conclure que le retranchement proposé est impossible ; il déclare qu'il produirait une charge de plus pour la Couronne, qui est décidée à ne point la supporter. Il donne ensuite le tableau général de l'emploi qu'on a fait d'un million, 785,200 fr. alloués aux théâtres. Croirait-on, qu'outre les sommes qui leur sont spécialement affectées comme subventions, on y trouve encore 155,000 fr. pour pensions et encouragemens aux arts et aux artistes, et 23,492 fr. pour fonds de réserve ?

Et c'est avec de pareilles ressources que M. le Vicomte prétend que tout retranchement est impossible ! Et pourquoi ne fait-il pas savoir du moins comment ces pensions et ces gratifications ont été réparties ? Dans le chapitre du budget, intitulé : *Encouragemens aux lettres, aux beaux-arts et à l'art dramatique,* se trouve portée une dépense de 2,492 fr. qui est avouée. On est bien aise de voir qu'elle a été faite pour la nourriture et le transport des animaux envoyés par le Pacha d'Egypte. Quoique détournée au préjudice des artistes et des hommes de lettres, cette somme pouvait être beaucoup plus mal employée.

Très embarrassé de répondre à l'illégalité de l'allocation, l'honorable député annonce qu'il n'en dira qu'un mot. Ce mot est une longue peroraison où il exprime, en phrases pompeuses et pleines de beaux sentimens, son attachement pour sa Majesté. Il répète que sans son patronage, les arts et les lettres sont perdus ; comme si le patronage du Roi cessait, parceque la surveillance d'un ministre responsable remplacerait celle de M. le Chargé. Cependant il convient, « qu'il pourrait paraître plus » conséquent que le ministre qui porte une recette au budget, » en ordonnât la dépense ; mais qu'ici, la fixité est indispen- » sable, et ne se trouve qu'à la Maison du Roi. »

Ici, l'orateur abandonne les froides et timides entraves de la dialectique, pour se livrer à tout ce que l'imagination et le sentiment peuvent inspirer de plus brillant et de plus pathétique. Il ne met plus de frein à son amour pour les beaux-arts ;

il se sacrifie pour eux. Mais qu'on lui conserve la subvention !... « et qu'on ne dise pas (s'écrie-t-il), que c'est ma propre » cause que je défends! De causes, Messieurs, je n'en ai, et » n'en aurai jamais d'autres que la vôtre. C'est contre mon in- » térêt personnel, et contre ma propre tranquillité que je parle, » peut-être !... Fille ingrate, la littérature repousserait-elle cette » main royale qui lui a tant donné? Non. » — Il est son garant ; il répond d'elle. Puis, avec un enthousiasme digne des plus beaux temps de la chevalerie : — « Quelques-uns de vous déser- » teraient-ils son noble drapeau? Non, Messieurs, il me serait » trop pénible de le croire. Si c'était mon administration que » l'on voulût attaquer, qu'on le fasse franchement. Mais j'ai » répondu d'avance : sauvez le principe! sauvez la littérature! »

Malgré une aussi touchante exhortation, malgré les dangers qui menaçaient la tranquillité de M. le Chargé, la Chambre n'en a pas moins persisté dans le parti *de lui retrancher* 160,000 fr. Elle n'a point encore privé la littérature de son patronage ; mais le Ministre de l'intérieur, M. de Martignac, a profité de la permission de l'attaquer en proclamant, à la tribune, l'*état de décadence* des théâtres qui lui sont confiés. Espérons que le vœu de M. le Vicomte ne tardera pas à être exaucé ; que la littérature sera sauvée ; c'est-à-dire, que la direction lui en sera retirée.

En quelques lignes, M. de Berbis, rapporteur de la Commission, a réfuté ce discours. Il ne prétend pas qu'il ne faille pas venir au secours des Théâtres Royaux et de l'École de chant et de déclamation ; mais il pense que dans cette partie, il y a beaucoup d'économies à faire, sans nuire en rien au besoin des théâtres ; il démontre que « l'état des comptes présenté à la » Commission se trouve tout-à-fait en contradiction avec les » communications que vient de faire à la Chambre son collègue, » M. de Larochefoucauld. D'après les renseignemens que la » Commission s'est procurés, elle a reconnu qu'une partie des » fonds *n'allait pas à sa destination*, c'est-à-dire, à la subven- » tion destinée aux Théâtres Royaux ; qu'elle était employée à » des dépenses qu'il ne lui appartient pas de désigner !... »

Eh bien! Monsieur de Larochefoucauld, votre défi a été
accepté. Vous êtes pris au mot. Voilà votre administration bien
franchement attaquée par un de vos collègues, et par le Ministre lui-même. Où sont les explications que vous avez pro-
mises? Est-ce pour cette session que vous les avez réservés? Il
est des hommes dont la noble indépendance ne craindra pas d'y
répondre en termes plus significatifs encore; et ceux qui ont
inutilement demandé la parole, à la suite de votre longue orai-
son, l'obtiendront peut-être cette année; peut-être finira-t-on
par sentir, aujourd'hui que le mal est à son comble, quel remède il faut y apporter.

Déjà la presse périodique, cette puissance du jour, malgré
tous vos efforts pour la maintenir dans le silence, ne peut se
dispenser de se montrer l'organe de l'opinion publique. — « A
» peine la pauvre littérature (disait, il y a quelque temps, le
» *Corsaire*), fut délivrée de la tendresse des Peyronnet, Lour-
» doueix et compagnie, qu'on se demanda si la morale de leur
» fier acolyte M. le vicomte de Larochefoucauld pèserait en-
» core long-temps sur nos théâtres ; mais depuis quelques
» jours, le bruit de sa retraite circule dans tous les salons; et
» cette nouvelle favorable va ranimer l'espérance qui s'étei-
» gnait au cœur des vrais amis des lettres. »

Le *Constitutionnel* lui-même qui, en 1826, s'était prononcé
avec force contre l'abus des priviléges et tous les inconvéniens
de l'administration de la Maison du Roi, après un silence de
trois ans, est revenu sur ce sujet dans un article très-étendu.
« Qu'on laisse la concurrence s'établir (dit-il), elle sera plus effi-
» cace que les subventions du Trésor, réunies aux libéralités de
» la Liste civile. » Déjà il avait fait remarquer ce qui a été signalé
depuis à la Chambre, que les fonds de ces subventions sont
pris sur le budget du Ministre de l'intérieur, et sont distribués, comme bon lui semble, par M. le Directeur des beaux-
arts, qui n'a aucune responsabilité, et qui ne fournit aucun
compte. — On lit dans une autre feuille :« Sur les quatre Théâtres
» Royaux de Paris, deux sont en faillite, le troisième est dans

» l'état le plus déplorable. Ces trois théâtres, depuis quatre ans,
» ont coûté à l'Etat et au Roi plus de trois millions! Non-
» seulement par le résultat, ces trois millions ont été mal dé-
» pensés, mais encore ils ont amené la chute de Feydeau et de
» l'Odéon, et presque la décadence du Théâtre-Français. »

Veut-on avoir une idée de l'emploi fait par M. le Chargé,
des sommes que l'Etat lui confie? Qu'on porte les yeux sur le
tableau inséré dans l'*Incorruptible*, au mois de juillet dernier : il donnera un échantillon de l'ordre qui règne dans son
administration, et de *la grande économie* qu'il observe dans la
distribution de ces fonds. On y voit que, pour les seuls théâtres
chantants, il a dépensé, en pure perte, une somme de 558,000
francs :

210,000 fr. pour avoir refusé de céder la direction de l'Académie royale de musique et du Théâtre-Italien, à une
entreprise qui en diminuait les charges :

238,000 fr. pour se débarrasser du talent de Mlle Grassari; pour
acheter le retour de Mlle Cinti, payer les frais d'un
procès contre Mme Mainvielle-Fodor, et divers dé-
dits d'engagemens à d'autres artistes.

110,000 fr. pour un dédit payé à la compagnie du gaz, par suite
d'une fantaisie de M. le Vicomte; et pour la construction d'un escalier *moral*, destiné à empêcher,
à l'Opéra, les deux sexes de se rencontrer.

Voyons, maintenant, comment M. le vicomte de Larochefoucauld connaît *le sentiment de ce qui est beau, de ce qui est grand*, de tout ce qui peut contribuer à la gloire du Roi et à celle du pays. On en jugera par les fonctions qu'il remplissait, sous le Ministère corrupteur qu'il décrie aujourd'hui: on verra en même temps où allaient les fonds qui lui étaient confiés, pour l'encouragement des arts.

« Peu de temps après la formation du Ministère Villèle
» (rapporte le même journal), il fut établi une caisse d'amor-
» tissement des journaux. Cette caisse fut dirigée par M. Sos-

» thènes de Larochefoucauld, et surveillée par une commission
» qui se réunissait dans la rue de Tournon. La première acqui-
» sition que fit le directeur de la caisse fut celle d'un journal
» sans abonnés, appelé le Régulateur; il fut payé 200,000 fr.;
» non pour le continuer et pour le mieux exploiter, mais
» pour l'éteindre; il ne reparut plus. La seconde conquête de
» la caisse d'amortissement fut celle de la Gazette de France.
» M. Sosthènes tenait particulièrement à s'emparer de ce jour-
» nal. Pour y parvenir il employa caresses, menaces, argent;
» il traita directement avec les principaux actionnaires; il
» paya leurs actions, au prix qu'ils fixèrent eux-mêmes. Ce jour-
» nal fut aussitôt spécialement destiné à servir le Ministère
» Corbière, sous le Chef de division Lourdoueix. M. Sosthènes
» acheta ensuite, toujours au poids de l'or, la Foudre, les
» Lettres Parisiennes, le Drapeau blanc, le Pilote, le Journal
» de Paris, et les sept douzièmes de la Quotidienne.

Le propriétaire de cette dernière feuille dont il avait en vain
cherché à ébranler la conscience anti-ministérielle, la bourse
à la main, se vit dépouiller violemment par lui, en 1824,
d'une possession de trente années, et fut obligé pour être ré-
tabli dans ses droits, de les faire reconnaître par un arrêt de
la Cour royale. Son défenseur en rendant compte des entre-
vues qu'il avait eues avec M. le Chargé des beaux-arts, s'exprimait en ces termes, devant la Cour : « Je lui dis ouvertement
» que toutes ces négociations me paraissaient *honteuses;* je
» lui représentai combien je trouvais humiliante cette censure
» secrète, achetée à prix d'argent; je lui dis que, puisque la
» loi autorisait la censure, il était facile, si on en avait la
» force et le courage, d'user de ce moyen extrême; mais qu'il
» était honteux, qu'il était contraire à la générosité comme à
» la loyauté du caractère français, d'établir une censure dé-
» tournée, en corrompant tous les hommes qui possèdent les
» journaux. »

Il est juste de dire que, si plusieurs feuilles ont succombé à
ces séductions, d'autres aussi ont su leur opposer une noble

indépendance. On en jugera par ce trait du Mercure de France :
« Nos abonnés sont avertis que nous avons contracté, hier à
» quatre heures du soir, l'engagement dont la teneur suit. —
» Nous reconnaissons avoir reçu la somme de 1500 fr. pour
» compte du Mercure, afin que ledit journal n'attaque point,
» à partir de ce jour, pendant un an, ni l'administration de la
» Maison du Roi, ni la personne de M. le vicomte Sosthènes
» de Larochefoucauld. Nous tiendrons fidèlement les condi-
» tions de ce marché. Maîtres de disposer de la somme reçue,
» nous avons pensé que nos lecteurs nous pardonneraient le
» sacrifice de quelques plaisanteries bonnes ou mauvaises, en
» faveur de l'emploi que nous nous sommes empressés de faire
» de cette petite part du budget ministériel. » Paris, le 10 novembre 1828. Le rédacteur en chef. — Suit une quittance de
M. Ternaux, qui déclare, comme président du comité grec,
avoir reçu les 1500 fr. pour être versés au profit des Grecs.

Passons à la manière d'agir de M. le Vicomte envers les artistes dont il se prétend le protecteur. Il ne reconnaît, a-t-il
dit, de droits réels qu'au mérite et aux services : *Justice égale
pour tous, jamais ni arbitraire ni faveur.*

Le répertoire de l'Opéra se trouvant arrêté par le départ
inattendu de Mlle Cinti, on chercha de toutes parts un sujet
pour remplacer la fugitive, on jeta les yeux sur Mlle *Demeri.*
Un messager part en poste pour Milan; traite avec elle, et
l'amène à Paris. Son début ne répond pas à l'attente de l'administration qui lui a refusé les rôles les plus convenables
au développement de son talent. On imagine alors de recourir à Mlle Cinti. Un diplomate de coulisses, expédié sur la
route de Bruxelles, est assez heureux pour la décider à revenir, et à accepter un traitement de soixante mille francs.
Mais que faire de Mlle Demeri? A la fin du mois, elle se présente pour recevoir ses appointemens; on lui dit qu'étant désormais inutile, elle ne peut être payée.

On sait les persécutions qu'a éprouvées Mme *Mainvielle Fodor,*
au Théâtre-Italien. « Au moment même où les Tribunaux,

» après de longs débats, allaient prononcer sur sa demande
» contre M. Sosthènes de Larochefoucauld, un conflit fut su-
» bitement élevé, non moins insultant pour les magistrats que
» lâchement cruel à l'égard d'une femme malade, et à laquelle
» on refusait quarante mille francs solennellement promis et
» accordés, lorsque pour rester fidèle à ses engagemens elle
» avait tout sacrifié. Le Conseil d'Etat qui a donné de temps en
» temps, en dépit de l'influence ministérielle, des preuves d'in-
» dépendance, vient, sous la présidence de M. le comte Por-
» talis, d'annuler le conflit dans sa séance d'hier. » — Gazette
des Tribunaux, 2 février, 1828.

Au Théâtre-Français, Mlle *Guérin*, jeune actrice dont les
dispositions ne demandaient qu'à être cultivées, s'est vue, à
la suite d'une maladie douloureuse, éconduite inopinément,
sans aucune forme de procès. M. Sosthènes l'avait enlevée à
l'Odéon, où elle était très-utile, et où son sort était fixé. Elle
n'avait consenti à quitter ce théâtre que sur la promesse formelle qui lui fut donnée, de lui procurer les mêmes avantages
au Théâtre-Français : aujourd'hui elle est sans état, privée de
tout moyen d'utiliser son talent.

De combien d'injustices et de vexations n'a pas été accablée
Mlle *Duchesnois* elle-même! Croira-t-on qu'elle ait pu recevoir,
l'hiver dernier, ainsi que Lafon, l'intimation et presque un
ordre de quitter le Théâtre-Français? Dans une lettre qu'elle
vient d'adresser aux journaux, elle démontre tout le tort que
l'administration de M. le Chargé fait à la Comédie-Française
et à la haute littérature, toutes les persécutions auxquelles les
acteurs tragiques sont en butte, sous le commissariat de son
digne agent, M. Taylor *. Je ne terminerais pas, si je voulais
faire l'énumération de tous les artistes, de tous les employés
qui ont eu à souffrir de sa mauvaise foi, de ses actes arbitraires, de sa hauteur et de sa tyrannie.

Il faut cependant convenir que tous ses administrés n'ont

---

* Nous la reproduisons ci-après.

point eu à se plaindre de lui; il n'a pas épargné les bienfaits
aux hommes dont il craignait l'influence dans les aréopages
comiques. Des acteurs absens de la scène pendant plusieurs
mois, mais non du Comité, n'ont pas été les moins généreusement rétribués. Les Comédiens Français en général ont été
traités avec largesse : aucun sacrifice ne lui a coûté pour hâter
la ruine de leur théâtre.

Il osera dire qu'il a essayé de relever l'Odéon, en le con-
fiant à M. Lemeteyer : on a vu où ce simulacre de restauration a conduit le malheureux théâtre. Puisse-t-il n'en être pas
de même de la nouvelle direction de M. Harel ! Avait-on jamais
rien vu de plus scandaleux que de réduire les artistes d'un
Théâtre Royal à recourir aux Tribunaux pour réclamer le paye-
ment d'une caution et d'une subvention solennellement garan-
ties ! Sur dix mois d'appointemens, il en était dû six aux acteurs
et aux gagistes. Deux lettres ayant été inutilement adressées
par eux à M. le Directeur des beaux-arts, et à M. l'Intendant
de la Maison du Roi, qui ne daignèrent pas même y répondre,
voici celle qu'ils ont été obligés de faire parvenir à ce dernier, par la voie de la presse.

« Monseigneur, depuis le jour où nous avons eu l'honneur
» d'écrire à Votre Excellence, pour lui demander la subven-
» tion et le partage du cautionnement, notre misère s'est
» accrue. Au point où nous en sommes venus, nous ne pou-
» vons cacher que beaucoup d'entre nous, dans la saison la
» plus rigoureuse de l'année, *sont sans pain*, et seront bientôt
» sans asile. On n'a pas d'exemple d'une pareille calamité dans
» les plus mauvais théâtres de province, dans les derniers
» théâtres de bateleurs; et pourtant nous sommes au sein de
» la Capitale; nous appartenons à un Théâtre Royal; on lit
» tous les jours, en tête de nos affiches : *les Comédiens du Roi* ! »
—- Suivent les signatures de tous les artistes.

Je ne pense pas que M le vicomte de Larochefoucauld re-
garde l'Ecole royale de déclamation comme remplacée par la
classe qu'il a établie, rue Chantereine, et qu'il a confiée à un

acteur comique, membre du Comité du Théâtre-Français. Je
n'ai jamais assisté aux leçons de cet acteur; je ne doute pas
qu'il n'ait l'instruction et toutes les qualités requises pour en
donner d'aussi bonnes en tragédie qu'en comédie; je veux
bien croire aussi qu'il a mérité la faveur de se voir sacrifier un
établissement tout entier, et de cumuler ainsi quatre places de
professeurs : mais, quoi qu'il en soit, une classe particulière
où l'on paye, peut-elle présenter les avantages d'une école publique et gratuite ? On n'était admis au Conservatoire qu'après
un examen, et avec des dispositions; ici, l'individu le moins
apte au théâtre peut être reçu; on lui donne ainsi la facilité
d'abandonner un métier qu'il aurait pu exercer utilement,
pour un art qu'il embrasse, séduit, le plus souvent, par l'attrait du plaisir et de la dissipation. Est-ce là, Monsieur le Vicomte, une institution bien *morale?* Dites-moi si elle sert à
autre chose qu'à voiler la démolition du Conservatoire? Mais
de quel droit avez-vous, de votre chef, supprimé un établissement dont l'entretien est porté au budget de l'État? à quel
usage ont été consacrés les fonds qui lui étaient destinés? « Un
» million 460,000 fr. (est-il dit), sont affectés comme subven-
» tion aux Théâtres Royaux, *y compris l'École de déclamation!* »

Quant à l'intérêt que M. le Chargé prétend porter à la littérature dramatique, s'en laisserait-on imposer par le bruit qu'il
a fait de son projet de loi sur la propriété littéraire? cette bienveillance pour les héritiers des auteurs est fort louable sans
doute; mais ne convenait-il pas, avant tout, d'en témoigner
une semblable aux auteurs eux-mêmes; de la manifester par
quelque acte, utile au succès de leurs ouvrages et à la prospérité de la littérature? Ne semble-t-il pas avoir voulu, par là,
donner le change, en faisant conclure de l'intérêt témoigné
aux uns, qu'il devait en porter encore davantage aux autres? A
quoi tend en définitive ce projet? à priver les Comédiens des
pièces qui les soutiennent, pour en transmettre la possession à
des hommes tout-à-fait étrangers au théâtre. C'est une mesure
qui peut faire honneur à la bienfaisance de M. le Chargé, mais

qui est loin de prouver son désir d'être favorable à l'art et aux artistes.

Non, un plan malheureusement trop manifeste et qui remonte à une époque de réaction générale, un plan, secondé par une faction politique, a été tracé pour détruire la haute littérature en France, pour donner à l'art dramatique surtout une direction rétrograde, et contraire à toute utilité sociale, pour laisser envahir la Scène Française par des ouvrages qui, en parlant aux sens, détournent notre âme de tous les sentimens généreux, et notre esprit de toutes les idées nobles et indépendantes. Et tel a été le succès des hommes adroits à qui la direction de cette trame a été commise, que, déguisant leurs vues perfides sous le titre inoffensif de *Romantiques*, ils sont parvenus à enrôler sous leurs bannières une foule de jeunes libéraux, leur insinuant que leurs principes étaient ceux des lumières et de l'avancement des lettres; eux qui puisent tous leurs sujets dans les temps les plus barbares et les plus obscurs; eux dont la poésie nébuleuse ne se nourrit que d'idées sombres et fantastiques; eux qui ont soin d'écarter de tous leurs ouvrages les leçons terribles de l'histoire, pour y substituer les vains prestiges des scènes de roman!

L'homme chargé de la haute surveillance de ce plan jésuitique a beau donner à ses agens l'exemple de la ruse et du déguisement; il a beau venir protester, à la tribune même, de l'intérêt qu'il porte à la prospérité des théâtres, et cacher, sous un langage trompeur, les mesures occultes qu'il prend pour les perdre : il n'est aucun de ses actes qui ne le trahisse, qui ne le mette en contradiction avec lui-même.

Ainsi, il donne des traitemens supplémentaires aux Comédiens de la rue Richelieu; et il laisse manquer de pain ceux du Faubourg St-Germain. Il propose à la Chambre une loi en faveur des héritiers des auteurs; et il entrave par tous les moyens la réussite de leurs ouvrages. Il supprime toute l'Ecole royale de déclamation, pour économiser 12,000 fr. et il en accorde 20,000 à un seul maître de chant. Il ne se borne pas

à payer un commissaire près le Théâtre-Français pour faire
un voyage de quatre mois sur les terres du Pacha d'Egypte;
il en paye un second pour remplir par intérim ses fonctions
dans les coulisses du même théâtre. Il se proclame le protecteur
des arts et des lettres ; et c'est lui qui, sous le Ministère déchu, les livrait à l'inquisition d'une double censure !

La destruction du second Théâtre-Français, l'abolition de
l'Ecole royale de déclamation, l'amortissement des journaux,
la nomination d'un peintre décorateur au gouvernement de la
Scène Française, l'introduction du mélodrame sur le théâtre
de Corneille, les déficits de la caisse de l'Opéra, voilà en résumé, depuis que M. le Chargé des beaux-arts est à la tête des
théâtres, les résultats de son administration. Voilà *les traces
qu'il laisse de son passage dans les affaires*. De tous les principes
de son discours, il en a observé un très religieusement. « Fixer
» un but, et suivre ensuite avec une invincible persévérance
» la marche qu'on s'est tracée (a-t-il dit), voilà le principe
» d'après lequel doit marcher un administrateur : »

Oui, Monsieur de Larochefoucauld, on ne saurait vous le
contester, vous avez scrupuleusement suivi cette marche; vous
n'avez pas dévié un instant, depuis six ans, de la route qui
vous a été tracée; vous avez consciencieusement rempli les
obligations que vous ont imposées les ennemis de la France.
Vous leur êtes resté fidèle, même après leur défaite; et tandis
qu'ils ont été contraints de reculer, vous avez eu le courage
d'avancer; vous vous êtes dignement acquitté de votre tâche
dans l'affermissement du système d'obscurantisme qui a signalé
leur règne funeste. Votre mission est remplie. Grâce à votre
invincible persévérance, la ruine des théâtres et de la littérature dramatique est consommée !

On verra, par cette lettre de Mlle Duchesnois, avec quelle persévérance les *démolisseurs* du second Théâtre-Français ont ensuite
travaillé à l'anéantissement du premier.

« J'aurais voulu rester étrangère à la querelle qui s'est engagée
» dans les journaux relativement au Théâtre-Français ; mais, comme
» on se fonde sur des faits erronés pour défendre un système qui
» compromet notre existence sociale, je crois devoir au public des
» explications qui montreront la question sous son vrai jour.

» Malgré la ruine de notre prospérité et l'augmentation de notre
» dette, j'aurais gardé le silence, si l'on n'avait eu même temps
» répandu le bruit que l'on allait dissoudre notre pacte social pour
» nous mettre en régie, et élever à notre place un prétendu
» théâtre romantique. Ce bruit a pris assez de consistance pour être
» répété par plusieurs journaux ; et l'on a remarqué que les défen-
» seurs habituels de M. le Commissaire Royal, au lieu de le dé-
» mentir, se sont efforcés de montrer les avantages d'un projet aussi
» ridicule.

» Les acteurs tragiques, qui, depuis l'arrivée de M. Taylor, avaient
» été l'objet d'une animadversion dont ils n'ont deviné la cause, que
» dans ces derniers temps, furent attaqués dans ces mêmes jour-
» naux avec un acharnement sans exemple, et avec ce refrain de cir-
» constance : *le public ne veut plus de tragédie.* Sans doute la tragédie
» ne fait plus les recettes énormes des beaux temps de Talma ; mais
» on peut s'assurer par les recettes (par celles qui sont consignées
» sur le registre des pauvres), que la tragédie reprendrait sa pros-
» périté, si l'administration lui accordait la protection qu'elle lui
» doit, au lieu de persécuter les acteurs et les auteurs qui la sou-
» tiennent encore. Je viens, à cette occasion, d'appeler MM. Taylor
» et de Larochefoucauld devant les Tribunaux, pour avoir à répondre
» d'une violation de nos règlemens, au moyen de laquelle ils ont
» prorogé, depuis quatre ans, l'existence d'un comité qui devait, aux
» termes de nos statuts, être renouvelé par tiers, chaque année....
» Il est très vrai, ainsi que l'annonce un article qui a paru dans le

» Moniteur du 10 mars : que nos parts, qui s'élevaient à 16,000 fr.
» quand la Comédie a été mise sous la Direction des beaux-arts,
» sont tombées à 7,000 fr. ; il est très-vrai aussi que, par suite d'une
» promesse de M. le vicomte de Larochefoucauld, à qui il a plu
» de les garantir à 10,000 fr., nous avons touché ces 10,000 fr.,
» cette année. Reste à savoir dans quelle caisse ont été pris les
» 3,000 fr. qu'il a fallu ajouter à chacune de nos parts pour les élever
» à cette somme. Si ce complément nous vient de la munificence
» de l'Autorité, et en excédant de la subvention, nul doute que nous
» n'en ayons obligation à la sollicitude de M. le Commissaire du Roi.
» Mais si c'était en anticipant sur nos bénéfices futurs, et par em-
» prunt fait à nous-mêmes, qu'il nous a procuré ce complément ;
» n'est-ce pas une dette qu'il nous aurait fait contracter ?

» L'objection que l'ancien répertoire est sacrifié au romantisme
» ne peut pas se résoudre par des chiffres. Le Théâtre-Français
» étant dans l'obligation de jouer au moins deux pièces, tous les jours,
» et celles du répertoire, dit romantique, n'étant pas assez nom-
» breuses pour suffire à ce besoin, il a fallu nécessairement emprunter
» le plus grand nombre des pièces représentées au répertoire clas-
» sique. Ceci n'est donc pas l'effet de la faveur. Mais a-t-on apporté à
» l'exécution des pièces de ce répertoire la diligence et la prodi-
» galité que l'on déploie pour celles du nouveau ? mais a-t-on le
» soin de les faire soutenir, comme celles-ci, par une seconde pièce
» déjà en possession de la faveur du public ? M. le Commissaire
» Royal enfin use-t-il, pour les mettre en vogue, de certains moyens
» qui sont à sa disposition, et qu'il emploie avec tant d'activité,
» quand il s'agit d'ouvrages qu'il honore de sa prédilection !

» Les pièces dites romantiques, qui figurent pour un quart dans
» le nombre des représentations de l'année, figurent pour deux
» tiers, au budget de nos dépenses. La mise en scène de *Louis XI*
» seule a coûté plus de 24,000 fr., c'est-à-dire une somme qui suffi-
» rait pour établir douze tragédies ou comédies. Ces pièces figu-
» rent-elles dans les recettes en proportion de la dépense qu'elles
» ont occasionée ? Si cela est, pourquoi ont-elles disparu du ré-
» pertoire, malgré les efforts qu'on a faits pour les y maintenir ?

» M. Taylor attribue au Comité l'expulsion de *MM. Victor* et
» *Ligier*. A qui persuadera-t-il, quand il est assez puissant pour

» faire admettre au nombre des Sociétaires des personnes dont le
» talent n'était pas réclamé par les besoins de la Société ; qu'il ne
» l'est pas assez pour nous conserver deux sujets dont le talent
» nous était d'une nécessité absolue ? Mais tranchons la question :
» Le Comité n'est responsable ni de ces faits, ni d'aucun des actes
» qu'on lui imputerait depuis trois ans, parceque depuis trois ans,
» ses pouvoirs sont expirés, parceque depuis trois ans, il n'est
» que le Conseil privé de M. Taylor, et non un Conseil formé de
» nos mandataires.

» *La dette de* 102,000 fr., dont la Société se trouve aujourd'hui gre-
» vée, provient donc uniquement de M. le Commissaire Royal, qui,
» n'étant pas directeur, en a usurpé l'autorité. On attribue cette dette
» à la nécessité d'établir un magasin pour y recevoir nos décora-
» tions. Depuis quatre ans, cette partie de notre mobilier s'est pro-
» digieusement accrue ; et le Théâtre-Français, qui semble avoir
» hérité du Panorama-dramatique, rivalise sous ce rapport avec
» la Gaieté et le Cirque-olympique. Mais si, comme on me l'assure,
» ce magasin n'a coûté que 40,000 fr., à quoi ont été employés les
» 62,000 fr. restant ? est-ce là dessus qu'on aurait pris le complé-
» ment de nos parts ?

» Puisque l'auteur de la note n'a pas pu démentir le fait *du congé*
» *d'un an* qu'on a voulu me faire subir, ainsi qu'à M. Lafon, et au sujet
» duquel celui-ci demandait à M. le vicomte de Larochefoucauld,
» quel crime il avait commis pour être exilé de Paris ; je suis obligée
» d'entrer dans quelques détails qui achèveront d'éclaircir ce fait.

» L'Autorité avait accordé à plusieurs d'entre nous un supplément
» de traitement, sans qu'aucune condition fût attachée à la jouis-
» sance de cette faveur. Nous n'élevâmes cependant point de récla-
» mations, lorsque le délégué du Pouvoir nous imposa l'obligation de
» jouer, dix fois par mois, sous peine de nous voir privés d'autant
» de dixièmes de notre subvention mensuelle, que nous aurions man-
» qué de fois à cette obligation. Si la disposition n'est pas légale,
» elle est du moins juste. Mais est-il juste de faire subir cette re-
» tenue au subventionné, quand ce n'est pas par le fait de sa vo-
» lonté qu'il n'a pas satisfait à cette exigence ; quand, malgré ses de-
» mandes, il n'a pas été employé dans la proportion voulue ; quand
« une maladie légalement constatée l'a empêché de faire son service ?

» J'ai écrit à M. le Chargé des beaux-arts : qu'il était triste
» pour moi d'être ainsi privée de ma subvention, et si peu rétri-
» buée du Théâtre, dans un moment où, par suite des offres qui
» m'étaient faites, je pouvais réaliser en province, dans une année,
» une somme considérable. Est-ce donc là demander un congé d'un
» an, comme le prétend l'auteur de la note? est-ce enfin dans
» mon intérêt que m'a été imposé ce congé, dont la durée dépasse
» les bornes déterminées par nos règlemens, ce congé à la faveur
» duquel on espérait disposer non-seulement de ma subvention,
» mais aussi de ma part, et opérer entièrement la révolution dra-
» matique que contrarie ma présence? »

DEUXIÈME PÉTITION

A LA CHAMBRE DES DÉPUTÉS,

CONTRE

L'ADMINISTRATION DU THÉATRE-FRANÇAIS.

1830.

PÉTITION, tendant à obtenir des dommages-intérêts en réparation de l'exclusion arbitraire par laquelle l'administration du Théâtre-Français a enlevé au pétitionnaire son état, après avoir attenté à ses droits de liberté individuelle, après lui avoir extorqué une partie de ses appointemens, et lui avoir fait éprouver plusieurs autres actes vexatoires, résultant des vices administratifs que la Chambre a déjà reconnus, et du privilége illicite dont jouissent les Sociétaires de ce théâtre, en violation des lois fondamentales de l'État.

MESSIEURS,

En d'autres temps, je n'aurais point rappelé sur moi votre attention ; mais dans les circonstances présentes , lorsque les ennemis de nos libertés, redoublant d'efforts pour anéantir de toutes parts l'ordre légal , attaquent jusqu'au droit de plainte et de pétition, il m'a paru du devoir de chaque citoyen de signaler, avec une nouvelle persévérance , les abus de pouvoir dont il peut avoir été victime.

Le rapport fait sur ma première pétition, dans votre séance du 11 avril dernier, a prouvé qu'aucune classe de Français n'était étrangère à votre sollicitude nationale, et qu'en veillant au maintien des lois qui protègent les peuples, vous saviez aussi favoriser les arts qui les éclairent et les polissent. L'art dramatique surtout, à qui la France doit une de ses gloires les plus brillantes, vous a paru mériter un intérêt particulier ; et c'est parceque ma cause me fournit l'occasion de vous exposer en-

core quelques-uns des secours qu'il réclame, que j'ose la reproduire à vos yeux.

Déjà, vous avez bien voulu prendre en considération les
plaintes que j'ai portées sur *les vices et sur l'illégalité* des règlemens auxquels les Comédiens du Théâtre-Français sont
asservis. Je dois espérer que vous daignerez accueillir avec
la même bienveillance les réclamations qui me sont personnelles, et qui en sont la conséquence immédiate. Les développemens que le rapport de votre Commission me prescrit de
leur donner, achèveront, je n'en doute pas, de vous déterminer à y faire droit.

« On ne s'est point occupé, (a dit M. le Rapporteur), de la
» partie de ma pétition relative à mes intérêts particuliers,
» 1° parcequ'elle annonce que je me suis pourvu devant les
» Tribunaux ; 2° parcequ'elle ne prouve par aucun fait l'arbi-
» traire de mon exclusion. »

Vous connaissez trop, Messieurs, toutes les chances, tous
les délais auxquels sont exposées les actions judiciaires, les
mieux fondées, pour ne pas sentir combien il me serait important de pouvoir être dispensé de ce recours. Jugez si mes
craintes sont motivées, puisque aujourd'hui même, les débats
ne sont point encore entamés. C'est pour prévenir tous les
inconvéniens qui en résultent, que je sollicite de nouveau l'appui de votre médiation protectrice. Et à quels arbitres plus
compétens puis-je m'adresser qu'à vous, Messieurs, qui comptez
dans votre assemblée le Chef de l'administration du Théâtre-
Français, à vous qui lui fournissez annuellement les subsides
nécessaires à l'entretien des théâtres et à l'encouragement des
artistes ?

Quant aux faits nécessaires pour appuyer ma demande, j'a-
vais eu soin de l'accompagner d'un *Mémoire contre M. le baron Taylor,* qui renfermait toutes les preuves que vous pouviez
désirer, et dont j'ai l'honneur de vous adresser un nouvel
exemplaire. Si les travaux de votre Commission lui laissent le
loisir d'en prendre connaissance, elle y reconnaîtra :

Qu'aux termes des ORDONNANCES ROYALES, à moins de conventions contraires, l'admission définitive de tout acteur qui a débuté avec succès au Théâtre-Français, qui a rempli son temps d'essai et satisfait aux épreuves prescrites, est une condition évidente de son admission provisoire : que j'ai passé à ce théâtre les trois années requises, sur la foi des promesses verbales et écrites qui m'ont été données de me faire participer à cette admission, ainsi que sur la déclaration des *traités particuliers*, passés avec l'Administration :

Que j'ai satisfait à toutes les conditions exigibles : que les Sociétaires ont, il est vrai, donné deux avis opposés ; mais que l'un, par lequel ils m'excluent n'est pas motivé, et leur a été commandé par M. le Commissaire du Roi, principal artisan de toutes mes disgrâces ; tandis que l'autre, qui m'est accordé de leur plein gré, me reconnaît toutes les qualités voulues pour leur être associé : qu'outre le témoignage des Comédiens, il m'en a été délivré un second, par des juges plus imposans, par les premiers auteurs dramatiques de notre époque : que je me suis vainement prévalu de leurs suffrages, de ceux du public, des usages constans du Théâtre, des Ordonnances qui le régissent, et des engagemens qui m'ont été souscrits :

Qu'après avoir été, pendant trois années de réengagemens provisoires, bercé d'un espoir trompeur, après avoir été frauduleusement induit dans des dépenses dont le Théâtre seul a profité, après avoir supporté, comme les autres acteurs, la retenue qui concourt à leur assurer une pension de retraite, après avoir été *spolié d'une autre portion de mes appointemens* dont, par une fausse application des règlemens, on s'est emparé en me laissant l'alternative entre cette extorsion et la perte de mon état ; je me suis vu tout à coup éconduit par une offre d'engagement dérisoire, sans avis préalable, sans dédommagement quelconque, en opposition manifeste à ces mêmes règlemens, toujours religieusement invoqués par cette Administration dont la duplicité est la première loi, quand elle a des injustices à commettre; toujours furtivement éludés, quand il lui est prescrit d'en réparer.

Qu'enfin, cette expulsion inattendue, dont plusieurs des membres les plus distingués du barreau de Paris, ont reconnu *l'arbitraire et l'illégalité*, ne m'a pas seulement dérobé les avantages particuliers attachés à un théâtre qui tient le premier rang dans la hiérarchie théâtrale; mais que, dans la triste situation où se trouve réduit en province le genre auquel je me suis consacré, dans l'impossibilité de jouer à Paris la tragédie, ailleurs qu'au théâtre de la rue de Richelieu, ou à sa triste succursale du faubourg St-Germain, on m'a bien évidemment ravi tout moyen de continuer l'exercice de ma profession.

C'est ici, Messieurs, le cas d'ajouter aux vices que je vous ai déjà signalés, un abus non moins contraire aux lois qu'à la prospérité de l'art dramatique dont il hâte de jour en jour la ruine, parce qu'il le prive de deux principes de vie qui ne lui sont pas moins nécessaires qu'au commerce et à l'industrie; je veux dire : *la liberté et la concurrence.*

Vous savez que, par un des premiers bienfaits de notre réforme législative, toutes les *corporations privilégiées, sous quelque prétexte et sous quelque forme que ce soit, ont été supprimées et interdites.* Cependant une troupe de comédiens jouit ouvertement, au mépris de l'intérêt public, au détriment de l'art théâtral, d'un MONOPOLE que la loi a proscrit. Les acteurs du premier et du second Théâtre-Français, réunis sous la commune administration de la Maison du Roi, ont non-seulement conservé, dans la Capitale, le *privilége* exclusif de représenter les pièces nouvelles de haute littérature, mais encore les anciens chefs-d'œuvre, qu'une autre loi a déclaré appartenir au *domaine public !*

Fort de ce privilége, le Théâtre-Français, qui n'a cessé de repousser les sujets capables de s'y distinguer, les aurait retenus, s'ils avaient pu porter leurs services ailleurs. Tel est l'effet de cet abus scandaleux que je me vois contraint, dans

la force de l'âge, de renoncer sans retour à une carrière que
la bienveillance du public semblait devoir m'assurer à jamais. Mon état ne peut plus m'être rendu; car il n'est au pouvoir de personne de me rendre des ressources qui ne se
donnent pas, de ranimer une émulation éteinte par tant de
déboires, de rétablir une santé altérée par tant de tourmens.

En supposant que je fusse réintégré à la Comédie-Française,
y retrouverai-je, après trois années d'absence et d'inaction
forcée, les avantages qu'elle me présentait lorsque je l'ai quit-
tée ; ceux qui étaient alors attachés à un genre que les manœuvres de mes adversaires ont de plus en plus discrédité ?
Y retrouverai-je cette garantie d'emplois si sagement établie dans l'intérêt de l'art, ce domaine tragique qui m'était
ouvert du vivant même de l'acteur renommé auquel il appartenait à tant de titres, et qu'on a démembré, depuis sa mort,
pour l'interdire plus sûrement aux jeunes acteurs jaloux de
marcher sur ses traces, et entraîner ainsi avec lui son héritage dans la tombe ?

Je me borne donc, en indemnité du sacrifice le plus pénible auquel un artiste puisse se voir condamné, à vous prier
d'obtenir de la Maison du Roi, qui a concouru avec la Société
du Théâtre-Français à mon engagement et à mon exclusion ;
qu'elle veuille, conjointement avec elle, m'accorder les dommages-intérêts proportionnés aux préjudices que j'ai essuyés.
Vous consacrerez ainsi l'opinion de votre Commission, qui
*n'a pu se dissimuler que le sort des comédiens était réglé par
des mesures exceptionnelles qui paraissaient encourir à juste
titre le reproche de confusion et d'arbitraire.*

Des sommes considérables sont accordées sur le budget de
l'État, comme subventions aux Théâtres Royaux. Des fonds
secrets sont en outre votés pour l'encouragement des arts et
des lettres. Il est facile à M. le Directeur des beaux-arts d'en
distraire une portion en faveur d'un homme qui a, pendant douze ans, contribué à soutenir, tant à Paris que dans
plusieurs grandes villes des départemens, ces chefs-d'œuvre

dont la France s'enorgueillit. Il ignorait, vous a-t-il dit, après la citation que M. le Rapporteur a faite des règlemens de la Comédie-Française, le pouvoir et les droits qu'ils lui donnent : il les connaît aujourd'hui, et ne se croira plus étranger à la réparation qu'ils lui prescrivent.

Dans l'intérêt général, je saisirai cette occasion de citer encore à votre tribunal un grief qui, malgré son ancienneté, ne m'en donnerait pas moins de droit à une réparation particulière ; car on ne saurait opposer de prescription à un acte contre lequel je n'ai pu élever que d'impuissantes plaintes, tant que je suis resté soumis aux règlemens ignominieux dont il dérivait, à un acte dont je n'ai pu demander justice, que depuis qu'abjurant la profession de comédien, j'ai recouvré pleinement mes droits et ma dignité de citoyen.

Vous n'avez pu cacher votre étonnement, Messieurs, de voir que les *arrêts et la détention* étaient encore maintenus au nombre des peines dont les comédiens sont passibles. « Ces règlemens, » *si contraires à nos droits constitutionnels*, (a dit M. le Rappor- » teur), indiquent assez la nécessité d'une législation qui leur » donne ce qui appartient à tous les Français, la liberté lé- » gale et le droit commun. Mais, (a-t-il ajouté), quel serait » le geôlier qui oserait écrouer un citoyen, sur l'ordre de M. le » Chargé des beaux-arts ? »

Eh bien, Messieurs, cet attentat a été commis sur ma personne ! et je ne crois pas inutile de le rappeler ici. C'est encore moi qui vous offrirai cet exemple de l'excès d'arbitraire et de servitude qui n'a pas cessé de poursuivre, en province et dans la Capitale, les hommes condamnés à la profession théâtrale. En 1818, j'ai été arrêté et détenu à la Préfecture de police, sans explication préalable, sans formes voulues ; pour le seul délit d'avoir refusé de jouer sur le Théâtre-Français, auquel je n'étais plus attaché par aucun titre. Je l'ai été, non pas, il est vrai, par ordre de M. le vicomte de Larochefoucauld, qui n'était point encore en place, mais par ordre d'une Autorité non moins illégale ; à la réquisition des Menus-plaisirs, sur le rapport de ces mêmes Comédiens dont je défendais les droits et qui me dépouillent aujourd'hui de mon état.

Il est des actions qu'il suffit de signaler pour en tirer la vengeance qu'elles méritent; et c'est l'unique récrimination dont j'userai. Mais vous considérerez que je n'ai pu supporter une semblable violation de tous les droits, sans que cet effort m'ait été commandé par l'intérêt de mon avenir; et vous jugerez, puisque mes adversaires ne m'en tiennent aucun compte, combien du moins cette résignation augmente mes titres à la réparation de mes nouveaux griefs. C'est en daignant me faire rendre justice que vous donnerez un commencement d'exécution à l'affranchissement de tous les comédiens; c'est par cet exemple que vous les préserverez le plus efficacement des abus d'un régime, déjà flétri de votre réprobation.

M. le Chargé des beaux-arts a lui-même participé à votre adoption ; il a confessé qu'il était *dans une position difficile et délicate; que la législation du Théâtre-Français ne pouvait assurer son existence et sa prospérité;* il a protesté, de son amour pour la justice, pour le maintien de nos droits constitutionnels, pour les intérêts des artistes. Quelle plus belle occasion de vous prouver ces sentimens, que de mettre un terme à mes longues et pénibles sollicitations!

Si je me suis ainsi étendu sur les griefs qui me sont personnels, c'est qu'ils se lient, comme vous le voyez, Messieurs, à la cause du Théâtre, dont le triomphe ne me serait pas moins cher que le succès de mes propres réclamations; c'est qu'ils proviennent d'un ordre de choses, fait pour attirer l'attention de tous les hommes qui comptent au nombre des avantages les plus brillans de la France la prospérité de l'art théâtral.

Elevé par le génie de ces grands hommes qui devancent leur siècle, le Théâtre-Français a exercé trop d'influence sur les mœurs et sur les destinées du pays, pour être préservé des attaques d'une faction qui voudrait renverser tout ce qui contribue à développer et affermir notre civilisation. Le Théâtre-Français n'a pas suivi, mais hâté le mouvement de

notre réorganisation sociale. C'est là, qu'en présence même
de l'absolutisme, se sont fait entendre aux Français rassem-
blés, les premiers accens de la liberté ; là, qu'une représentation animée des grands exemples de l'histoire, a secrètement
préparé les esprits à la régénération salutaire qui devait changer la face du monde !

Comme toutes nos autres institutions, les Théâtres devaient
faire des progrès d'autant plus rapides, que leur effet est plus
actif. Qu'on ne s'étonne donc point si, depuis quinze ans, la
Scène Française, est ainsi que la France, en butte aux attaques
d'une réaction ; si l'acteur qui manifeste le sentiment de ses
droits et montre quelque indépendance dans le caractère,
si l'ouvrage qui s'annonce comme susceptible de nourrir dans
les âmes les principes d'une vraie liberté et d'un patriotisme
pur, sont l'un et l'autre rangés dans la *catégorie* des proscriptions.

Comme la France, le Théâtre-Français a dû avoir sa contre-
révolution, d'autant plus facile, d'autant plus avancée, qu'elle
a pu se faire à plus petit bruit, et ne présenter au public que
les apparences d'une intrigue de coulisses. Il a eu sa congrégation, son système de fraude et de corruption. Mais plus
heureux que leurs modèles, préservés par leurs accointances
du stygmate de la publicité, les Ministres de l'empire scénique
ont pu poursuivre en paix, derrière le rideau, leurs manœuvres occultes, et, profitant adroitement du dégoût inspiré
au public par d'anciens chefs-d'œuvre mal représentés, faire
usurper leur place à ces nouveautés monstrueuses, à ces pa-
noramas futiles qui ont fait du premier Théâtre du monde le
dernier des spectacles de Paris.

Et qu'on ne dise pas que cette dégradation si rapide, dont
chacun s'étonne, est le résultat de circonstances fortuites, ou
l'effet de l'indifférence du public. Dans un siècle aussi avide
d'émotions, un art si susceptible de réveiller de grands souvenirs et d'alimenter l'intérêt national, en présentant des tableaux en harmonie avec les besoins des esprits, n'aurait pu

dépérir ainsi, sans les efforts puissans faits pour le perdre. Il prospèrerait, s'il était libre, s'il n'était garrotté d'entraves qui l'empêchent de suivre la marche du siècle. Les geôliers qui surveillent ses pas, l'inquisition dressée contre tout ce qu'il produit de nouveau, le séquestre apposé même sur tant d'ouvrages anciens, font assez voir combien on redoute encore son attrait et son influence.

Il est digne des Représentans de la France d'arrêter le torrent dévastateur qui est près de renverser un des plus beaux monumens de notre gloire nationale. Vous poursuivrez votre ouvrage, Messieurs : vous ne vous bornerez point à l'adoption d'un renvoi; vous voudrez qu'il obtienne un résultat conforme à vos vœux. Ce sera conserver à la France l'empire le plus honorable qu'elle puisse exercer sur les autres peuples, celui des arts et des lettres; ce sera lui garantir cette prépondérance qu'au milieu des débris de tant de gloires elle possède encore en Europe, malgré les efforts que font, pour la lui ravir, des hommes uniquement occupés, depuis quinze ans, à décrier les principes de notre littérature, et à ne témoigner d'admiration que pour l'Etranger *.

Paris, le 4 février 1850.

* La Chambre a renvoyé, à l'unanimité, cette seconde pétition au Ministre de l'intérieur, dans sa séance du 26 novembre 1830. Malgré les recommandations dont elle a été appuyée, après les journées de juillet, par un grand nombre de députés, d'auteurs dramatiques et d'hommes de loi, par *MM. Mauguin, Lamarque, Eusèbe-Salverte, Al. Delaborde, Devaux, Mérilhou, Berville, Casimir-Delavigne, Arnaud, Andrieux*, etc., elle est, ainsi que la première, restée jusqu'à ce jour sans effet. M. de Montalivet, ministre de l'intérieur, a refusé d'y faire droit. On en sera peu surpris, lorsqu'on saura que, fidèle au système de ses devanciers, M. de Montalivet, par arrêté du 25 janvier 1830, a nommé, *pour réorganiser les théâtres*, une commission composée d'hommes de la Restauration, et parmi lesquels figure M. Taylor, maintenu depuis cette époque dans ses fonctions de Commissaire Royal au Théâtre-Français.

FIN.

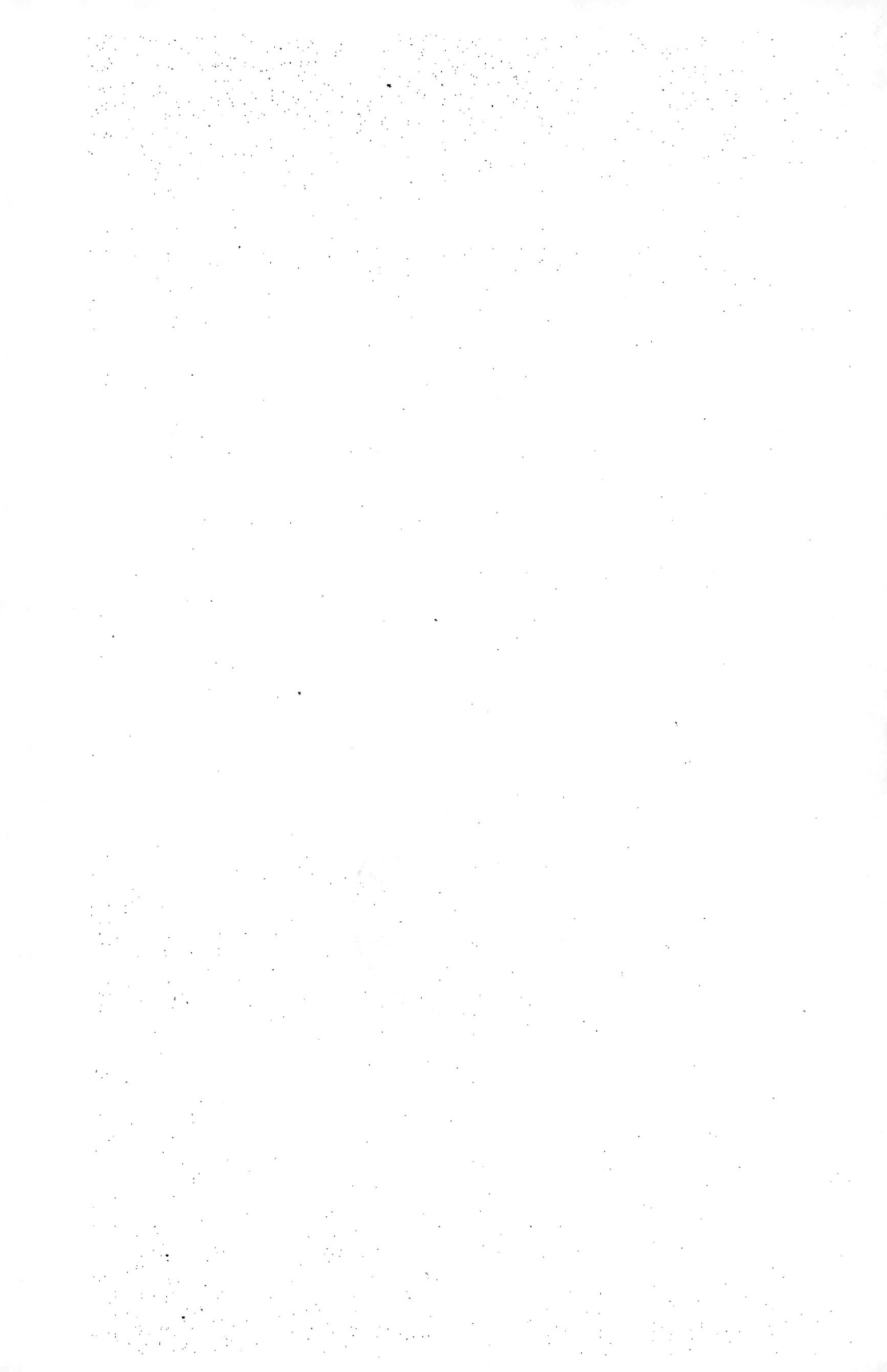